Der Ohlsdorf-Führer

W0073295

Barbara Leisner / Helmut Schoenfeld

DER OHLSDORF-FÜHRER

Spaziergänge
über den größten Friedhof Europas

*Herausgegeben
vom Landesbetrieb Friedhöfe*

Christians

Die Deutsche Bibliothek – CIP-Einheitsaufnahme
Der Ohlsdorf-Führer: Spaziergänge über
den größten Friedhof Europas/hrsg. vom Landesbetrieb Friedhöfe.
Barbara Leisner; Helmut Schoenfeld. –
Hamburg: Christians, 1993
ISBN 3-7672-1177-7
NE: Leisner, Barbara; Schoenfeld, Helmut;
Landesbetrieb Friedhöfe <Hamburg>

© 1993 Hans Christians Verlag, Hamburg
Gestaltung: Carsten Best
Illustrationen: Kathrin Pitzl
ISBN 3-7672-1177-7
Satz: Dammtorsatz, Hamburg
Alle Rechte vorbehalten

Inhaltsverzeichnis

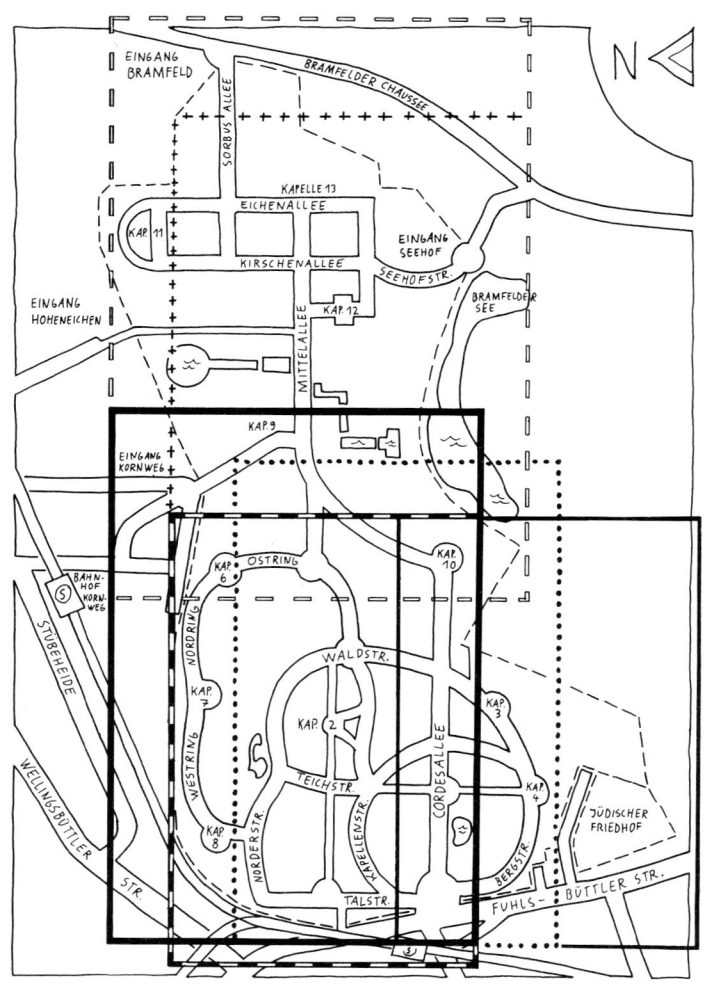

Kartenübersicht

Vorwort des Herausgebers

Der Ohlsdorfer Friedhof hat eine zentrale Bedeutung als Begräbnisstätte für die Freie und Hansestadt Hamburg und ist gleichzeitig ihre größte und vielfältigste Grünanlage. Als Parkfriedhof und Kulturdenkmal zugleich hat er in Europa und darüber hinaus nichts Vergleichbares. Für unsere Stadt ist er zudem ein sichtbares Zeugnis hamburgischer Geschichte, dokumentiert in seinen Denkmalen, historischen Grabstätten und in seiner Gartenarchitektur.

Unzählige Besucher kommen zu jeder Jahreszeit auf diesen Friedhof und nicht nur, um die Gräber ihrer Familien zu betreuen. Vielen von ihnen bleibt dabei Wissenswertes und so manch interessanter Spaziergang unbekannt.

Der oft gehegte Wunsch nach einem Friedhofsführer blieb jahrelang ohne Antwort.

Erfreulich ist es, daß sich nunmehr zwei fachkundige Autoren der Nachfrage gestellt und zusammen mit dem Christians Verlag einen ausführlichen Ohlsdorf-Führer erarbeitet haben. Die Kunsthistorikerin Dr. Barbara Leisner und der Garten- und Landschaftsarchitekt Helmut Schoenfeld geben mit ihren themenorientierten Spaziergängen dem Besucher eine unentbehrliche Hilfe zum Kennenlernen „des" Hamburger Friedhofes.

Landesbetrieb Friedhöfe
– ein Landesbetrieb der Umweltbehörde Hamburg –

Danksagungen

Viele Menschen haben uns im Laufe unserer Führungen über das Gesamtkunstwerk Ohlsdorfer Friedhof Informationen, Anregungen und Hinweise gegeben. Ihnen allen sei herzlich gedankt.

Persönlich danken möchten wir allen jenen, die uns durch unveröffentlichte Manuskripte ihrer Arbeiten bzw. mündliche Informationen aus ihren Forschungsergebnissen weitergeholfen haben. Zu nennen sind: Dr. Walter Hasche (Heerlein-Stift), Richard Hesse (Geschichte Fuhlsbüttels), Dr. Elke Kleinau (Frauenbildung im 19. und 20. Jahrhundert), Dr. Holle Kuschel (Flechtenflora), Kathrin Offen-Klöckner (Schwesternschaft der Hamburgischen Staatskrankenanstalten), Magda Prieß (Frauenführung), Ursula Schröder (Leben von Frau Treuge) und Anke Wagner (Jüdischer Friedhof in Ohlsdorf).

Eingeschlossen in diesen Dank ist die Umweltbehörde Hamburg mit dem Landesbetrieb Friedhöfe, der die Herausgabe des vorliegenden Ohlsdorf-Führers unterstützte, und dem Garten- und Friedhofsamt, aus dessen Friedhofsarchiv viele wichtige Hinweise – insbesondere Fotos – stammen.

Besonderer Dank gilt Frau Lüdemann. Sie überließ dem Förderkreis Ohlsdorfer Friedhof die umfangreiche Sammlung ihres verstorbenen Mannes, aus der wir ausgiebig schöpfen konnten.

Barbara Leisner, Helmut Schoenfeld

Einleitung

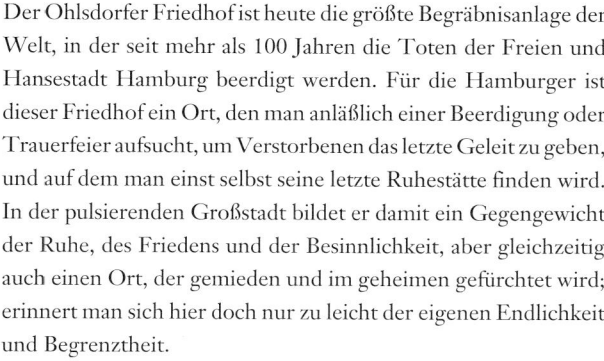

Der Ohlsdorfer Friedhof ist heute die größte Begräbnisanlage der Welt, in der seit mehr als 100 Jahren die Toten der Freien und Hansestadt Hamburg beerdigt werden. Für die Hamburger ist dieser Friedhof ein Ort, den man anläßlich einer Beerdigung oder Trauerfeier aufsucht, um Verstorbenen das letzte Geleit zu geben, und auf dem man einst selbst seine letzte Ruhestätte finden wird. In der pulsierenden Großstadt bildet er damit ein Gegengewicht der Ruhe, des Friedens und der Besinnlichkeit, aber gleichzeitig auch einen Ort, der gemieden und im geheimen gefürchtet wird; erinnert man sich hier doch nur zu leicht der eigenen Endlichkeit und Begrenztheit.

„Mußt Du klagen, nur nicht laut! – Willst Du nicht Dein Bild entehren, lass' es nie die Menge hören." Dieser Spruch steht auf dem Sockel eines schwarzen Obelisken auf dem Ohlsdorfer Friedhof, neben dem eine Frauengestalt mit verhängtem Kopf und in trauernder Haltung aufgestellt worden ist. Diese Figur wurde auch in abgewandelter Form oft reproduziert. Auf sie trifft man auf dem Friedhof immer wieder, und nirgendwo sonst findet man in Hamburg so viel weibliche Traurigkeit, Nachdenklichkeit, stillen Jammer und helle Verzweiflung dargestellt wie in Ohlsdorf. Auch wenn die Plastiken in ihren vielen Variationen im folgenden nicht zum Hauptmotiv dieses Führers werden, so bilden sie doch auf dem Friedhof unübersehbar das eigentliche, große Thema der Grabmalkunst, und das nicht nur in Ohlsdorf. Dabei sollte man nicht vergessen zu erwähnen, daß die gleichen Frauengestalten auch mit Flügeln – also zu Engeln verklärt – erscheinen können. Natürlich ist zu fragen, warum gerade diese trauernden Frauen auf den Friedhöfen des ausgehenden 19. Jahrhunderts so bevorzugt aufgestellt wurden.

Es steht hier nicht an, eine erschöpfende Auskunft zu geben. Doch ein wichtiger Grund dürfte sein, daß – um beim Beispiel Ohlsdorf zu bleiben – mit der Anlegung dieses großen, kommunalen Begräbnisplatzes in Hamburg eine weitgehende Verdrängung des Todes aus dem Leben der Stadtbewohner stattfand, mit deren Folgen wir noch heute umgehen müssen. Vor seiner Einrichtung waren die Toten von dem Trauerhaus aus durch die Stadt zu ihrem Kirchhof getragen oder gefahren worden. Die Familie, die Nachbarn, die Freunde gaben ihnen das feierliche Geleit. Der Verkehr stand eine Weile still, ein Anhalten ging durch das geschäftige Getriebe der Stadt, bis der Tote vorübergezogen war und damit auch der Augenblick des Nachdenkens, des Bewußtwerdens:

Das ist einer oder eine wie ich. So werde auch ich einmal hier hindurchgetragen werden. Welch eine alltägliche und gewohnheitsmäßige Konfrontation mit dem Tod! Wer denkt heute noch daran, wenn einer der silbergrauen, verhängten Leichenwagen durch die Stadt fährt? Wer bemerkt überhaupt noch den Transport der Toten?

Als dann die Stadtväter – und nicht die Kirchengemeinden – in der Mitte des letzten Jahrhunderts einen neuen Friedhof planten, wollten sie ihn ganz bewußt möglichst weit entfernt von der Stadt anlegen, um diese lästige und zeitraubende Tradition gleich als alten Zopf mit abschneiden zu können. Wußten sie, was sie taten? Sie verbannten die Toten aus der Nähe der Stadt. Das geschah nicht nur in Hamburg. Man machte überall hygienische Gründe für ihre Entfernung, ihre Einzelbeerdigung und die Schließung der bisherigen Grüften geltend. Man entfernte aber auch die Lebenden von dem Gedanken an das Sterben.

Anscheinend tat die bürgerliche Kultur noch ein übriges hinzu, wie das Zitat am Anfang so deutlich belegt: Sie verbannte auch das Ausleben und die Zurschaustellung der Trauer. Das Verdrängte manifestiert sich in Ersatzhandlungen. Schuf sich die bürgerliche Welt ihren Ersatz in der neuen, oft so überreichen Ausgestaltung der Gräber? Man ließ die Kunst sprechen, beauftragte Bildhauer mit Plastiken und Reliefs. Junge, schlanke und ideale Frauengestalten in Stein und Bronze kamen auf die Grabstätten und demonstrieren in stiller Bewegung und Anmut stellvertretend bis in alle Ewigkeit Schmerz und Trauer über Verlust, Abschied und Tod. Warum aber gerade Frauen, denn nur selten einmal ist still versunken ein Mann auf seiner Pilgerfahrt ausruhend zu sehen? Konnte man sich die Trauer nicht anders vorstellen als unter dem Bild der Frau?

Kunstwerke sind nicht nur unter ästhetischen Gesichtspunkten zu betrachten, sie erzählen immer auch von den gesellschaftlichen Verhältnissen, unter denen sie entstanden sind. Friedhofskunst gibt zusätzlich Auskunft über den Umgang der einzelnen und ihrer Gesellschaft mit dem Tod, der doch ein Teil des Lebens ist. In bezug auf diese besondere Kultur des 19. Jahrhunderts sind noch viele Fragen offen. Der Ohlsdorfer Friedhof ist durch seine vielen großen Grabstätten in landschaftlicher Umgebung zu einem „Freilichtmuseum" geworden, in dem über achthundert Plastiken und Reliefs diese Grabmalkunst und -kultur des 19. und 20. Jahrhunderts repräsentieren.

Andere Aspekte aber sind mindestens gleichwertig anzusprechen: Die lange Geschichte des Friedhofes hat dazu geführt, daß seine Familiengräber zu Erinnerungsstätten berühmter und bekannter Persönlichkeiten geworden sind, deren Wirken oft nicht nur für die Hansestadt von großer Bedeutung war. Die Namen großer und  einflußreicher Familien, die einst die Geschicke Hamburgs lenkten, die den Reichtum durch Schiffahrt und Handel vermehrten, große Unternehmen gründeten und leiteten, finden sich – wie nicht anders zu erwarten – hier wieder.

Das Leben und Wirken von Frauen, die in Hamburg bekannt geworden sind, sollen mit einem eigenen Rundgang vor dem Vergessen bewahrt werden.

Weitläufige, gemeinschaftliche Grabstätten erinnern an historische Ereignisse. Sie bilden Mahnmale, die aller jener Opfer gedenken, welche durch Krieg, Terrorherrschaft und Bombenhagel umkamen. Sie erhalten heute oft als einzige Stelle in der Stadt das Andenken an schon lange aus dem Bewußtsein verdrängte Katastrophen und Kriegszeiten.

Gemeinschaftliche Grabstätten von Brüderschaften und Zünften erinnern an andere Formen des Zusammenhalts unter den Menschen. Nicht zuletzt aber ist der Ohlsdorfer Friedhof eine historische Parkanlage, in der sich die Entwicklung der Gartenkultur seit dem ausgehenden 19. Jahrhundert widerspiegelt. Damit bildet dieser Friedhof einen einmaligen und außergewöhnlichen Bereich in der Stadt. Die Vielfalt seiner Pflanzenwelt; die unterschiedlichen Vögel und Kleintiere, die hier ihren Lebensraum in einer bedrohten Umwelt gefunden haben; die stille Schönheit seiner historischen Parkanlage mit ihren Landschaftsszenerien, Bachläufen und Teichen, Treppen und Hügeln, Knicks und über hundertjährigen Baumstellungen, das alles zieht die Besucher immer wieder neu in seinen Bann.

Ein letzter Gang führt zu dem in direkter Nachbarschaft angelegten, aber doch aufgrund der unterschiedlichen religiösen Voraussetzungen völlig von dem kommunalen Friedhof abgegrenzten jüdischen Friedhof an der Ilandkoppel.

Jede Führung steht unter einem eigenen Thema und berührt damit unterschiedliche Grabstätten. So liest sich dieses Buch gleichzeitig wie ein hamburgisches Geschichtsbuch des ausgehenden 19. Jahrhunderts.

Dieser neue Führer ist aber hauptsächlich als praktikable Anleitung gedacht, den Friedhof trotz seiner oft beanstandeten Größe und Unübersichtlichkeit auf eigene Faust zu erkunden. Dafür ist jedem Spaziergang eine Skizze vorangestellt, die einen ersten Überblick über den Wegeverlauf ermöglicht. Ihre Nummern verweisen auf die im Text erwähnten Haltepunkte. Dauer, Ausgangsort und Ziel sowie eine Zusammenfassung des Wegeverlaufs runden diese Vorinformationen ab. Da der Friedhof nach Art eines Schachbretts in sogenannte Planquadrate aufgeteilt ist, ist im Text die jeweilige Lage der Haltepunkte in spitzen Klammern eingefügt. Dazu und zu den Öffnungszeiten, Verkehrsverbindungen etc. stehen am Ende des Buches praktische Hinweise. Dort stellt sich auch der Landesbetrieb Friedhöfe als Träger der Anlage vor.

Natürlich kann in einem solchen Buch kein vollständiger Überblick über die Vielzahl von interessanten Grabstätten vorgelegt werden, die sich auf dem Ohlsdorfer Friedhof befinden. Deswegen möge der Ohlsdorf-Führer als Anregung verstanden werden, den Reichtum dieser weltberühmten Anlage zu entdecken, ein Stück von Hamburgs Geschichte kennenzulernen und sich gleichzeitig auch auf die besondere Kulturgeschichte von Friedhöfen, Grabstätten und Grabmalen einzulassen.

Der Friedhof als Landschaftspark

Ein Lebenswerk des Friedhofsdirektors Johann Wilhelm Cordes (1840–1917)

„Der Friedhof soll nicht eine Stätte der Todten und der Verwesung sein. Freundlich und lieblich soll Alles dem Besucher entgegentreten und dadurch der Ort aus der umgebenden Landschaft herausgehoben und geweiht werden."

So beginnt die Einleitung zum ersten Führer über den Ohlsdorfer Friedhof aus dem Jahre 1897. Es sind die Worte des Friedhofsdirektors Cordes, der 40 Jahre lang nach diesem Grundsatz auf dem Friedhof – dem heutigen Cordes-Teil – wirkte und dessen typisches, unverwechselbares Erscheinungsbild er prägte: von 1877 bis 1879 zunächst als Bauleiter, dann aber eigenverantwortlich als Friedhofsverwalter und auf der Höhe seiner Schaffenskraft ab 1898 als Friedhofsdirektor.

Das Wirken Cordes' war beeinflußt von dem Kunst- und Lebensverständnis des ausgehenden 19. Jahrhunderts. Seine Ausbildung zum Architekten erhielt Cordes am Polytechnikum Hannover. Er kam dort mit der neugotischen Architekturauffassung der „Hannoverschen Schule" in Berührung, die in ihm die Neigung erwachen ließ, auch andere historische Kunststile aufzugreifen. Der Historismus als Gestaltungselement spiegelt sich in vielfältiger Weise in seinen späteren Entwürfen von Gebäuden und Grabmalen wider, aber auch in der Gesamtanlage des Friedhofes im landschaftlichen Stil.

Daneben orientierte sich Cordes in seiner Planung an amerikanischen Beispielen parkartiger Friedhöfe, aber auch an den Vorgaben des amtierenden Hamburger Senates. Damit ist eine Parallele zu dem sich damals entwickelnden Volksparkgedanken mit sozialem Hintergrund zu erkennen. Der wachsenden Bevölkerung Hamburgs fehlten nämlich in der Enge der Stadt Freiflächen für Spaziergänge und Erholung im Grünen.

Cordes kam diesem Bedürfnis mit einer künstlerisch gestalteten Ersatznatur erfolgreich entgegen. Neben seiner Funktion als zentrale und erste kommunale Begräbnisstätte wurde der Friedhof auch zu einer wichtigen öffentlichen Grünanlage Hamburgs.

In „Hamburg und seine Bauten" schrieb Cordes 1914 u. a.:

„Die Freude und Sehnsucht nach der Natur berechtigen besonders die Großstädter, Friedhöfe so weit wie nur möglich mit Baumwerk auszugestalten. Eine Wanderung still unter Bäumen, ein stilles Bankplätzchen unter Bäumen, das ist allgemein der Wunsch. Die Natur mit ihrem stillen Wirken, ihren tiefen, geheimnisvollen Gesetzen ist mit dem religiösen Empfinden verschmolzen."

Cordes hat mit seinem Friedhof sich und den Hamburgern ein zeittypisches Denkmal gesetzt, das bereits 1900 auf der Pariser Weltausstellung Beachtung fand. Eine Kurzbeschreibung seines eindrucksvollen Wirkens kann nicht treffender sein als jener Spruch, der der Gedenkrede anläßlich der Einweihung des Cordes-Denkmales (siehe Abbildung Seite 20) 1920 zugrundegelegt wurde:

„Suchst du ein Denkmal, so schau dich um; die Steine reden ... und die Bäume und die Blumen!"

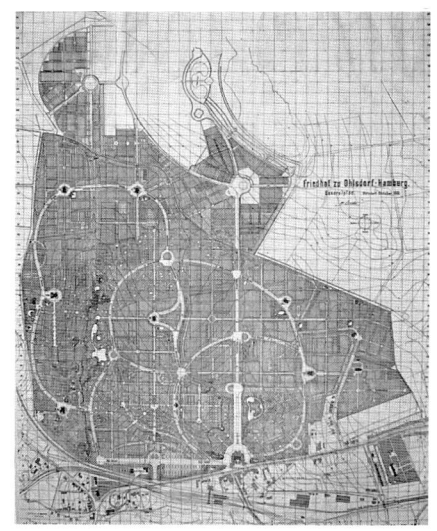

Friedhof zu Ohlsdorf, Hamburg.

Friedhofsreform und neue Gartenarchitektur

Das Wirken des Gartenbaudirektors Otto Linne

Seit Beginn dieses Jahrhunderts ist auch in Hamburg die Gartenkunst durch Sachlichkeit und Reformbestrebungen gekennzeichnet. Der Name Otto Linne ist mit dieser Entwicklung eng verbun-
den. Oberbaudirektor Fritz Schumacher berief ihm 1914 von
Essen zum Aufbau des neu eingerichteten Gartenwesens der
Baudeputation in die Stadt an der Elbe. Bis zu seiner Pensionie-
rung 1933 war Linne als erster Gartendirektor Hamburgs (ab 1919
als Garten- und Friedhofsdirektor) die treibende Kraft bei der
Schaffung öffentlicher Grünanlagen, die noch heute das Bild der
Stadt prägen. Hierzu zählen u. a. der Hammer Park, der Wehbergs
Park in Eimsbüttel, der Grünzug Dulsberg und Sondergärten im
Stadtpark Winterhude.

Nach dem Tod von Wilhelm Cordes im Jahre 1917 wurde Linne
auch die Leitung des Friedhofswesens übertragen. Damit konnte
er einen entscheidenden Einfluß auf die Gestaltung der Ohlsdor-

fer Friedhofserweiterung nehmen. Bereits 1919 wurde sein Planungskonzept
von Senat und Bürgerschaft gebilligt.
Es setzte sich deutlich von den Plänen
seines Vorgängers ab:
Klare Linienführung von Straßen und
Wegen, kleinräumliche Gliederung der
Grabfelder und Abkehr von landschaftlicher Gestaltung charakterisierten u. a.
Linnes Vorstellungen. Auch in der Gestaltung von Grabmalen vollzog sich in
seiner Amtszeit ein Wandel. Er führte
eine über Hamburg hinaus wirkende
Grabmalreform durch.
Linnes Vorstellungen von neuer Friedhofskunst wurden anfangs in der Öf-

fentlichkeit kritisch diskutiert. Sie fanden jedoch bald allgemeine Zustimmung, insbesondere vom „Bund deutscher Architekten", vom „Künstlerrat Hamburg" und vom „Verein Heimatschutz im Hamburger Staatsgebiet". Ein Blick auf den Friedhofsplan läßt seine vom alten Friedhofsteil abweichende Gesamtkonzeption deutlich erkennen.

In Erinnerung an den 1937 verstorbenen Garten- und Friedhofsdirektor wird die Erweiterungsfläche in der ehemaligen Bramfelder Feldmark heute als Linne-Teil des Ohlsdorfer Friedhofes bezeichnet.

Ganz im Sinne seiner strengen gartenarchitektonischen Formensprache wählte Linne für seine Familie eine Grabstätte aus, die auf einen kanalartig gestalteten Wasserlauf, einst flankiert von schlanken Pyramidenpappeln, ausgerichtet ist. Eine hohe Sandsteinstele <B1 58, 1–2> markiert seine letzte Ruhestätte.

1. Haupteingang ·
Heckengartenmuseum

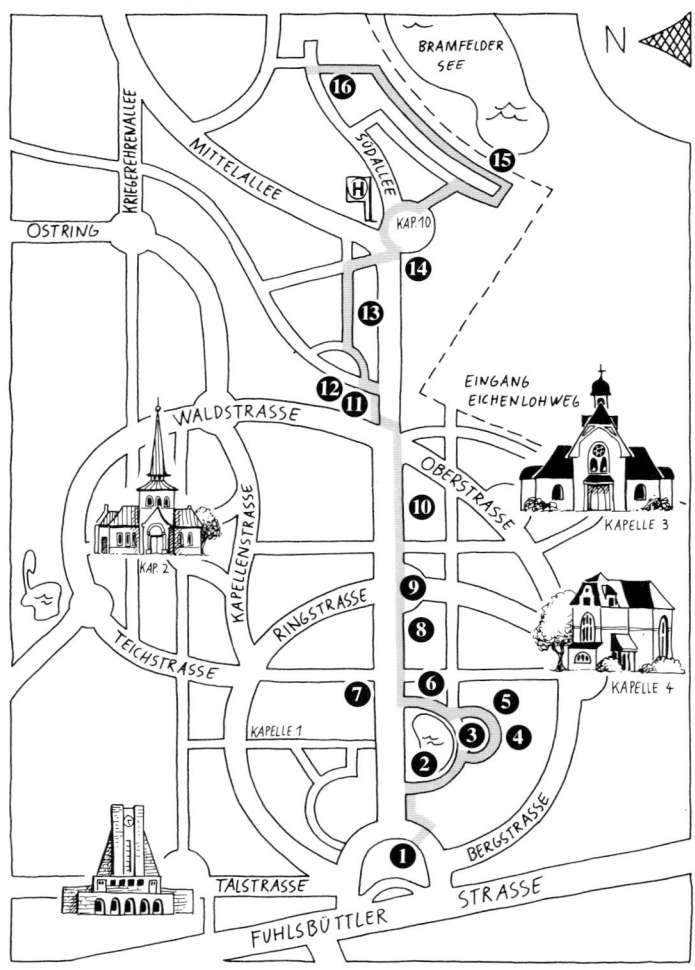

Dauer: etwa 1 Stunde
Der Weg beginnt am Haupteingang und führt annähernd paral-
lel zur Cordelallee über die Kap. 10 hinaus bis in die Nähe des
Freilichtmuseums im Heckengarten. Dort kann er mit dem
Spaziergang 3 fortgesetzt werden.
Den Ausgangspunkt erreicht man in etwa 25 Minuten Fußweg
oder mit der Buslinie 170 ab Haltestelle Kap. 10.
Am Wasserturm kann auf den dort beginnenden Spaziergang 2
übergewechselt werden.

Der Haupteingang zum Friedhof ist mit seinem repräsentativen **Haupteingang**
Verwaltungsgebäude an der Fuhlsbüttler Straße der stilvolle Auftakt für einen Spaziergang über den älteren Friedhofsteil.

Der wie ein barockes Residenzschlößchen wirkende Sandsteinbau **Verwaltungs-**
(1911 fertiggestellt) mit den seitlich angrenzenden schmiede- **1 gebäude**
eisernen Einfahrtstoren war Cordes' letztes großes Bauvorhaben.
Das Gebäudeinnere ist geprägt durch eine großzügige Trep-
penhausgestaltung und hohe Räume, die reichlich und z. T. mit
farblich hervorgehobenem Stuck ausgeschmückt sind. Im Treppenhaus des Gebäudes hängen Aquarelle (Gouachemalerei) von
Friedrich Schwinge, die Ansichten des Althamburgischen Gedächtnisfriedhofes und des Rosengartens in der blühenden Pracht
des Jahres 1899 zeigen.

Friedhofsseitig deuten die drei Treppenläufe auf die in den Friedhof hineinwirkenden Blickachsen hin, nach links zur Christus-
statue auf dem Althamburgischen Gedächtnisfriedhof (s. S. 117)
und nach rechts auf einen runden Platz, auf dem später die
Ehrengrabstätte der Polizei, „Revier Blutbuche" (s. S. 163), angelegt wurde. Die Hauptachse ist über die Cordesallee auf den im
Sommer durch Bäume verdeckten Wasserturm (s. S. 23) ausgerichtet.

Den Rosengarten erreicht man über eine kunstvoll geschmiedete
Brücke. Sie war einst ein Vorzeigestück auf der Hamburgischen
Gewerbe- und Industrieausstellung von 1889 und führte bis nach
dem Zweiten Weltkrieg weiter östlich hinüber zur Insel im Südteich. **2 Südteich**

Gehölze

An dieser Stelle sei auf den artenreichen Gehölzbestand des Friedhofes hingewiesen. Die Vorliebe Cordes' für eine sorgfältige Auswahl und Verwendung von Pflanzen wird bei Gehölzen noch heute gepflegt. Eine aus den 70er Jahren stammende Gehölzliste führt etwa 300 Arten, Unterarten und Varietäten von Laubgehölzen und etwa 150 Nadelgehölze auf. Einige davon sind, wie im Bereich der Brücke, mit einem Namensschild versehen, so z. B. dicht am Weg eine Silberlinde mit über drei Meter Stammumfang sowie die etwa 100jährige Säuleneibe rechts am Weg kurz vor dem Rosengarten, ein Geschenk der Gartenbauausstellung 1897 in Hamburg. Ihr gegenüber steht eine Holländische Linde. Auf weitere Gehölze wird im Verlauf der Spaziergänge hingewiesen.

Cordes-Denkmal *3*

Mittelpunkt des Rosengartens ist das Cordes-Denkmal. Es wurde 1920 zu Ehren des verstorbenen Friedhofsdirektors eingeweiht, der Entwurf stammt von Oberbaudirektor Schumacher. Von der einstigen Pracht der Rosen vor dem Denkmal ist nur noch der Name für diese gärtnerische Schmuckanlage geblieben. In den 50er Jahren erhielt sie ihre heutige Gestalt und Bepflanzung. Bemerkenswert sind ausgewachsene Einzelgehölze, wie Schlangenhautkiefer, Nestfichten und Chinesischer Wacholder. Unmittelbar hinter dem Denkmal sind die Grabstätten zweier bekannter Frauen des 19. Jahrhunderts zu entdecken: Hier ruhen die

Kalmar *4*

geniale Schauspielerin Anni Kalmar <I 9>, die 1901 im Alter von nur 24 Jahren infolge einer Krankheit starb,

Lensing *5*

und Elise Lensing <I 10>, die Freundin, Geliebte und Mutter zweier Kinder des Dichters Friedrich Hebbel. Er lebte mit ihr viele Jahre in einer „Gewissensehe", da er nicht bereit war, sie zu heiraten, aber von ihr unterstützt wurde. 1844 heiratete er dann in Wien die Hofschauspielerin Christine Enghaus, ohne die Beziehung zu Elise in Hamburg abzubrechen. Nach dem Tod auch des zweiten Kindes lud Christine die völlig gebrochene Elise nach Wien ein. Die beiden Frauen freundeten sich an, während Hebbel sich ganz zurückzog. Nach ihrem Tod wurde Elise zunächst auf dem St.-Georg-Friedhof bestattet und 1899 nach Ohlsdorf überführt. Das bemerkenswerte Grabmal stiftete ihr zu Ehren 1913 die Literarische Gesellschaft Hamburg.

Bevor man über den Rasen zur Cordesallee zurückkehrt, ist auf der rechten Seite auf eine Gruppe dichtstehender Buchen hinzuweisen. Zusammengepflanzt wurden hier drei Hängebuchen, eine nicht veredelte Blutbuche – ihre rote Blattfarbe entfaltet sich nur in der gut belichteten Krone – und drei Farnblattbuchen sowie zwei Hainbuchen, die botanisch mit den anderen Buchen jedoch nur entfernt verwandt sind.

6 Gehölze

An der Cordesallee fällt auf, daß die Platanenallee nicht nach rechts weiterführt. Die einst doppelreihige, kastenförmig geschnittene Allee führte nämlich nur bis zu einer hier geplanten Friedhofsmitte, die nach alten Vorstellungen des Oberingenieurs Franz Andreas Meyer (s. S. 110) von der Baudeputation durch einen künstlichen Teich markiert werden sollte. Im „Streit um die Mittelparthie" im Jahre 1887 konnte Cordes sich mit seinen Vorstellungen durchsetzen, eine Wasserfläche dort anzulegen, wo sie heute noch als Südteich besteht. Die durchgehende Hauptallee teilte das damalige Friedhofsgelände dann in zwei etwa gleich große Hälften.

7 Cordesallee

Die Rabatten zu beiden Seiten der Straße sind mit asiatischen, nordamerikanischen und europäischen Nadelgehölzen bepflanzt. Sie wurden nach Ausbau der Allee zu Schauzwecken gepflanzt, nachdem sich Versuchspflanzungen fremdländischer Nadelge-

8, 9 Gehölze

hölze auf dem Friedhof bewährt hatten. Diese dendrologische Sammlung besteht in Teilen noch heute. Als auffallende Arten am südlichen Fußweg sind zu nennen:

– einige mehrstämmige Sawara-Scheinzypressen (rotbraune Rinde in Streifen ablösend; aus Japan),

– eine Schleppfichte (schlaff und lang herunterhängende Zweige an waagerecht abstehenden Ästen; aus Nordamerika),

– eine stattliche Rotfichte (unser Weihnachtsbaum; aus Europa),

– mehrere unten verkahlte Schimmelfichten (den Namen hat sie von der hellen, fast weißen Farbe der jungen Zweige; aus Nordamerika),

– eine Gruppe von Scheinzypressen (erkennbar an der rotbraunen Rinde mit schuppigen Platten und leicht überhängenden Zweigspitzen, auf dem Friedhof gibt es davon viele Gartenformen; aus Nordamerika),

– eine noch junge Atlantische Zeder (aus Nordafrika).

Die geteilte Einmündung der Ringstraße in die Cordesallee umschließt einen ehemals geplanten Kapellenstandort. Hier stehen einige ausgewachsene Exemplare fremdländischer Nadelgehölze, bis unten beastet und damit gut aus der Nähe zu betrachten:

– Eine dreistämmige Sicheltanne (spiralig gestellte und sichelförmig gekrümmte Nadeln; aus Japan),

– eine Orientalische Fichte (stark glänzende, kurze und dichtstehende Nadeln; aus Kleinasien),

– eine Koloradotanne (hellgraue, glatte Rinde und bläuliche, etwas gekrümmte Nadeln; aus Nordamerika),

– eine Nikkotanne (kräftige, steif abstehende Äste; aus Japan).

Seitdem der Rasen zu ihren Füßen kaum noch gepflegt wird, blüht hier im Frühjahr – wenn auch zaghaft – das Wiesenschaumkraut. Nach dem Überqueren der Ringstraße gelangt man in den Bereich, in dem im Spätsommer 1892 zu beiden Seiten der Cordesallee (damals Hauptallee) die meisten Opfer der Choleraepidemie (s. S. 164) bestattet wurden. An dieses Ereignis erinnern seit 1992 ein Gedenkstein am südlichen Fußweg und eine Schrifttafel „Schwarze Bude" am Gärtnermeistereigebäude.

Cholera-opfer 10

Ein alter, seit langem nicht mehr auf den Stock gesetzter Knick läßt den Wasserturm von der Cordesallee aus leider kaum mehr in Erscheinung treten. Der Standort am Ende der Hauptallee und an der damaligen Friedhofsgrenze war von Cordes als „abschließender Augenpunkt" gewählt. Der Wasserspeicher stand so auf dem höchsten Punkt des Geländes und konnte gleichzeitig nach allen Seiten als Orientierungspunkt dienen. Der Turm ist nicht nur ein wesentlicher gartenkünstlerischer Bestandteil des Gesamtkunstwerkes Friedhof, sondern auch ein Denkmal der technischen Hygieneeinrichtungen der Jahrhundertwende. Die bei seiner Fertigstellung erst sechs Jahre zurückliegende Choleraepidemie hatte ja gezeigt, wie lebenswichtig die kontrollierte Förderung und Speicherung von Trinkwasser geworden war. Als Speicher diente der Turm nur von 1898 bis 1919. Er war lange Zeit vom Verfall bedroht. Im Rahmen einer Arbeitsbeschaffungsmaßnahme konnte er grundlegend restauriert werden und ist seit 1992 wieder ein sichtbares Wahrzeichen des Friedhofes.

11 Wasserturm

Der Wasserturm steht im Waldteil des Friedhofes, in dem viele bemerkenswerte Grabanlagen zu finden sind. In seiner unmittelbaren Nähe liegt die Grabstätte der Familien Troplowitz und Mankiewitz. Unter lichten Baumkronen stehen auf ovalem Grundriß ionische Säulen unter einem umlaufenden Gebälk aus Muschelkalk. Sie umsäumen einen altarähnlichen Steinblock mit Reliefs von Orpheus, Eurydike und einem Pilger sowie Namen der hier Beigesetzten. Die Gestaltung der schönen Grabanlage <O 24> ist dem Zusammen-

12 Troplowitz

wirken der beiden Bildhauer Arthur Bock und Hugo Klugt mit dem Architekten Fritz Schumacher aus dem Jahre 1918 zu verdanken. Von Bock ist auch die Bronzeplastik (Mann und Frau knieend) auf der danebenliegenden Grabstätte.

Der Apotheker und Kaufmann Oscar Troplowitz entwickelte in der noch heute weltbekannten Firma Beiersdorf u. a. das ihm 1901 patentierte Leukoplast. Die Weiterentwicklung des Produkts zum Hansaplast 1920 erlebte er nicht mehr, er starb 1918. Bereits 1892 tat Oscar Troplowitz sich hervor, indem er als erster Unternehmer in Hamburg die Wochenarbeitszeit seiner Arbeiter bei vollem Lohnausgleich von 60 auf 56 und später auf 48 Stunden verkürzte. Sein Schwager, Dr. Otto Hanns Mankiewitz, war Teilhaber der Firma Beiersdorf.

Knicks 13 So wie das kurze Stück eines durchgewachsenen Knicks vor dem Wasserturm sind auf dem Friedhof viele Kilometer alter Wallhecken erhalten geblieben. Die Bäume – vorwiegend Eichen – wurden in der Ohlsdorfer Feldmark um 1840 gepflanzt und bestimmten das Landschaftsbild vor der Umgestaltung zum Friedhof. Die Planung hat den Verlauf weitgehend berücksichtigt.

Am Wasserturm kann auch der hier beginnende Spaziergang 2 durch den Waldteil in Richtung Dichterecke gewählt werden. In Richtung Heckengartenmuseum empfiehlt es sich, den Parallelweg zur Straße durch das nördlich angrenzende Grabfeld zu nehmen. Gleich hinter dem Wasserturm überschreitet man dabei die noch heute durch den gewundenen Wegeverlauf erkennbare, **Alte** bis 1937 geltende Grenze zwischen Hamburg (Ohlsdorf) und **Staatsgrenze** Preußen (Bramfeld). Alsbald sind an den Seitenwegen große Familiengräber zu erkennen, z. T. noch mit geschnittenen Hecken aus Hemlockstanne voneinander getrennt, sowie als Wegrandbelegung am Hauptweg Urnengräber mit ornamentreichen quadratischen Stelen und erhabener Schrift. Die Gestaltung ist hier nicht mehr landschaftlich und weist auf einen Umbruch in der Friedhofsplanung nach 1914 mit ersten Erweiterungsflächen in der Bramfelder Feldmark hin. Am Ende des Weges blickt man über ein mit nur wenigen Bäumen bestandenes Grabfeld. Das dichte Geäst der Scheinzypressen wird im Winter von Waldohr-eulen als beliebter Aufenthaltsort genutzt: Von hoher Warte aus können sie ihre Beute leicht erkennen und nach lautlosem Flug schlagen.

Die Kapelle 10 ist das jüngste Gebäude auf dem Friedhof. Sie **14 Kapelle 10** ersetzt seit 1983 die abgebrannte hölzerne Notkapelle aus dem Jahre 1917 auf der anderen Straßenseite. Der auch im Innern schlichte und helle Zentralbau wurde von den Architekten Iseler und Ziboll, Hamburg, entworfen. Wegen ihrer geräumigen Feier-halle wird sie oft für Trauerfeiern genutzt, auch wenn die Verstor-benen nicht im Bereich dieser Kapelle beigesetzt werden. Zu beiden Seiten des Einganges stehen zwei Tulpenbäume, erkenn-bar an den langgestielten, meist eckig gelappten Blättern, die sich im Herbst goldgelb färben. Die namengebenden tulpenartigen Blätter der aus Nordamerika stammenden Art sind durch ihre gelbgrüne Farbe unauffällig. Sie stehen einzeln und werden bis zu 6 cm breit. An den hölzernen Dachstützen der Kapelle rankt **15 Cordesteiche** wuchsfreudig die Kletterhortensie empor.

Südöstlich der Kapelle 10, direkt am Friedhofszaun, liegen wie an ei-ner Perlenschnur aneinanderge-reiht sechs fast kreisrunde Teiche. Es sind die Cordesteiche, die einst durch kurze Bachläufe miteinander verbunden waren und in dieser Art typisch für den landschaftlichen Stil Cordes' sind. Geplant wurden sie in einer Zeit, als die Gartenkunst be-reits andere und sachlichere Wege ging. In den 60er Jahren trennte man sie durch Erdaufschüttungen, um Platz für Urnengräber zu erhal-ten. Eine Vielzahl der damals vor-geschriebenen „Typensteine" ha-ben aus der Teichlandschaft eine

besondere Art von Grabfeld werden lassen. Einen architektonischen Akzent bildet auf einer kleinen Anhöhe am Rand des **Albrecht 15** oberen Teiches das Grabmal Albrecht <H 33> aus dem Jahre 1928: Es zeigt eine freistehende Urne auf einem schlichten Postament, geschützt von einem gewölbten Kupferdach, das auf vier quadratischen Pfeilern ruht.

Sieht man von den nicht standortgerechten und fremdländischen Nadel- und immergrünen Gehölzen einmal ab, so haben die Cordesteiche trotz der Veränderungen nicht an Reiz und Natürlichkeit verloren. Dazu trägt insbesondere der Bewuchs im teilweise vor kurzem abgeflachten Uferbereich bei, der sich selbst angesiedelt hat. Das breite Spektrum einer Ufersaumvegetation, wie Binsen, Blutweiderich, Kalmus, Röhricht, Sumpfdotterblumen oder Weidenröschen, gibt sich hier ein üppiges Stelldichein. Im klaren, bis auf einen Meter Tiefe einsehbaren Wasser, wachsen der Tannenwedel und die Weiße Seerose. Amphibien können über das flache Ufer ungehindert das Land erreichen. Zusammen mit dem benachbarten Bramfelder See sind die Cordesteiche beliebte Rast- und Nistplätze für Wasservögel.

Südallee 16 Daß die mit Roßkastanien bestandene Südallee nicht nach ihrem Baumbestand benannt wurde, geht auf Cordes zurück. Er bevorzugte bekanntermaßen ortsbezogene Namen. Baumartenbezogene Benennungen hat nur Linne, sein Nachfolger, gewählt. Die am Rande der Südallee liebevoll gepflegten Einzelgehölze sind Schaupflanzen für Auszubildende im gärtnerischen Bereich des Friedhofes. Zu verdanken sind sie der Initiative des für dieses Revier zuständigen Gärtnermeisters.

Der Spaziergang endet hier. Nach rechts abbiegend gelangt man zum Heckengartenmuseum, dort beginnt der Spaziergang 3 durch den Linne-Teil.

Grabmal Friedrichs von Arthur Bock, 1925

2. Wasserturm · Dichterecke · Haupteingang

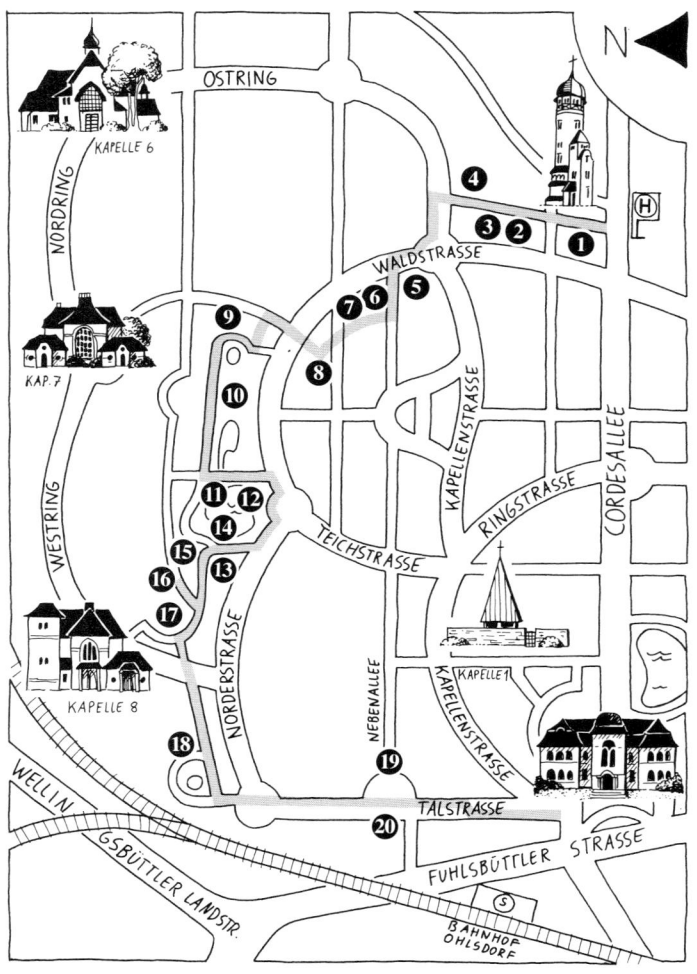

Dauer: etwa 1 1/2 Std.

Dieser Weg erschließt den landschaftlich reizvollsten Teil des Friedhofes und beginnt beim Wasserturm am Ende der Cordes-allee. Vom Haupteingang sind zusätzlich etwa 15 Gehminuten oder eine Busfahrt mit der Linie 170 einzukalkulieren. Der Weg kreuzt in seinem Verlauf mehrere andere Spaziergänge und führt zurück zum Haupteingang.

Zum besonderen Erscheinungsbild des älteren Friedhofsbereiches gehört sein Waldteil. Er wurde einst als Windschutz sowie zur Abgrenzung nach Norden und Osten gepflanzt, liegt nun aber inmitten des Cordes-Teils, parallel zur Waldstraße. Bereits 1875 wurde er auf Vorschlag des Volksdorfer Försters als Mischwald angelegt. Leider setzten sich im Laufe der Zeit nur wenige Baumarten durch, so z. B. die Föhre, die Österreichische Schwarzkiefer – ihre tiefrissige, schwarzgraue Borke reicht bis in die Krone hinein –, die Stieleiche und die Rotbuche. Eine waldbaugerechte Bestandspflege wurde kaum durchgeführt, so daß sich ein gleichaltriger, hochkroniger Bestand entwickelte, der bei den Kiefern aufgrund des hier vorherrschenden lehmigen Bodens zu einem vorzeitigen Altern geführt hat. Ihre Kronen werden von Turmfalken gern als Nistplatz gewählt; deren auffälliges „wrii-wrii" während der Brutzeit darauf aufmerksam macht.

Seit der Jahrhundertwende, etwa seit Schließung der alten Friedhöfe vor dem Dammtor, wird der Waldteil als repräsentatives Umfeld für große Familiengräber genutzt. Anfangs wurden sie nach Bedarf in freier landschaftlicher Anordnung, später entlang gerader Wege in umpflanzten Nischen angelegt. Der Waldteil wurde damit ein Beispiel für die Verschmelzung von Park- und Grabmalgestaltung. Unter Einfluß von Cordes hat diese eine für Ohlsdorf typische Grabmalart hervorgebracht, nämlich den mächtigen Findling und findlingsähnliche grobbehauene Steine, oft mit einem Kreuz versehen. **1**

Aber auch spätere Grabmalformen prägen diesen Bereich heute. So steht auf der Grabstätte des Architekten Franz Bach <O 25>, **2 Bach**

eine expressionistisch ausgeformte Grabwand aus Klinker. Auffallend sind hier die
Goldverzierungen und die aus Terrakotta
gearbeiteten Figuren des Bildhauers Richard Kuöhl. Ein anderes Beispiel ist der
sarkophag-ähnliche Steinblock auf der
Grabstätte Warburg <R 26, 109–16>, dessen Entwurf von dem Bildhauer Ernst Barlach stammen soll. Bestattet ist hier u. a. der
Bankier und Mäzen Eric M. Warburg
(1900–1990).

Bevor die Kapellenstraße überschritten
wird, lohnt sich ein Abstecher nach rechts

Ämtersteine *4* zum Freilichtmuseum der Ämtersteine (s. S. 147) oder nach links,
etwas versteckt hinter Rhododendronbüschen, zur Grabstätte des
Malers Ivo Hauptmann <T26>, einem Sohn des Dichters Gerhard

Hauptmann *3* Hauptmann. Der rötliche Grabstein fällt durch seine abgerundete
Form auf.

Lippertplatz *5* Der Weg führt nach links bis zum Lippertplatz – eine interne
Bezeichnung für einen einst geplanten Kapellenstandort – an
dessen Rand das bemerkenswerte Grabmal Lippert (s. S. 147)
steht. Mächtige Rhododendronbüsche rahmen diesen Platz.

So sehr auch der Rhododendronbestand das heutige Friedhofsbild
prägt, jahrzehntelang war diese Gehölzart nur eine von vielen.
Cordes hat sie sich 1881 u. a. als eine von „besonderen Pflanzen, die
Verwendung finden können am Rand, oder auch als selbständige
Gruppen" von der Baumschule Booth aus Hamburg-Nienstedten
anbieten lassen, 100 Stück für 50 Mark. Eingeführt aus England
Mitte des 19. Jahrhunderts fand der Rhododendron in Hamburg
eine schnelle Ausbreitung. Er liebt das atlantische Klima, leicht
sauren Boden und lichten Schatten; der Ohlsdorfer Friedhof bot
hierfür die besten Voraussetzungen. Überwiegend ist es die Sorte
Rhododendron catawbiense 'Grandiflorum', die heute den Friedhof prägt und Ende Mai/Anfang Juni mit ihrem Blütenflor erfreut.
Der beherrschende Rhododendronbestand steht ökologisch gese-

Grabmal Donnenberg von dem Bildhauer Gustav Eberlein, 1905

hen im Widerspruch zum einst beabsichtigten Waldcharakter dieses Friedhofsteiles, da sich Krautflora und Unterholz kaum entwickeln können.

Links der Waldstraße führt der Spaziergang zunächst unter einem dichten Blätterdach von Rotbuchen hindurch, um schließlich im Bereich lichter Kronen von Stieleichen wieder die Straße zu erreichen. Zu beiden Seiten des gewundenen Weges liegen viele bemerkenswerte Grabanlagen aus der Zeit um die Jahrhundertwende.

So findet man am Hauptweg in Richtung Kapelle 2 an der linken Seite das Grab des berühmten Klaviervirtuosen und Dirigenten Hans von Bülow (s. S. 125), nach rechts gewendet liegt im tiefen **v. Bülow** Schatten von Buchen der wohl bekannteste Architekt der Jahr- **Haller 7** hundertwende in Hamburg, Martin Haller <W22> begraben. Hunderte von öffentlichen und privaten Bauten tragen seine Handschrift; so das Rathaus, die Musikhalle oder das auf dem Friedhof befindliche Riedemann-Mausoleum. Eine rechteckige Stele auf flachem Sockel mit blockartigem Aufsatz und Pyramidendach markiert das Grab.

Donnenberg 6 Etwas weiter führt der Weg auf das Grabmal Donnenberg <W 22> zu. Es ist bemerkenswert durch eine Marmorskulptur, die einen verzückten weiblichen Engel mit leicht erotisierender Ausstrahlung darstellt.

In <X 21>, linker Hand, steht das Grabmal für den Zeichner Otto **Speckter 8** Speckter (1807–1871). Er war ein Meister der Buchillustration und Mitbegründer des Hamburger Künstlervereins. Das noch gut erhaltene Grabmal aus Sandstein wurde nach Auflassung der Dammtorfriedhöfe nach Ohlsdorf verbracht.

Auch nördlich der Waldstraße liegen etliche bemerkenswerte Gräber.

v. Ohlendorff 9 Sehr auffällig gelegen ist die Grabanlage von Ohlendorff (s. S. 83). Landschaftlich eingebettet in einen Erdwall, der nunmehr durch seinen Bewuchs Bestandteil der Umgebung geworden ist, öffnet sich das Mausoleum über einen abgesenkten Bereich nach Süden hin zur Waldstraße.

Wenn der Weg hinter dem Ohlendorff-Mausoleum im spitzen Winkel nach links führt, betritt der Spaziergänger einen Bereich, in dem er wohl am eindrucksvollsten eine Parklandschaft Cordesscher Prägung kennenlernen kann. Der Stille Weg – so wird er genannt – folgt bis zu seinem westlichen Ende in etwa der ehemaliger Grenze zwischen den Gemarkungen Ohlsdorf und Klein Borstel. Hier lagen einst die feuchten Niederungsgebiete des „Faulen Moores", die Cordes geschickt in eine, wenn auch gartenkünstlerisch überhöhte, Park- und Teichlandschaft umwandelte. Heute sind hier nur noch die Reste ehemaliger romantischer Gestaltung mit Bachläufen, kleinen Brücken und Anhöhen zu erkennen. So lagen die bemerkenswerten Grabanlagen der Familien Münchmeyer <AA 19> und Schemmann <AA 18> auf einer kleinen Anhöhe. Ihre noch heute vorhandene Gestaltung war auf diese „Berg-Tal-Lage" ausgerichtet. Aus unverständlichen Gründen wurde 1961 durch gewaltige Erdarbeiten viel von diesem besonderen Reiz landschaftlicher Gestaltung ausgelöscht, u. a. auch der Geologische Hügel, an dessen Stelle sich nunmehr ein ebenes Urnengrabfeld >AA 19–20> befindet. Der üppig wachsende Schachtelhalm sowie Ampfer sind stille Zeugen der damals durch Planierraupen erzeugten künstlichen Bodenverdichtung. Die Grabstätten aus den 60er Jahren wirken hier fremd und entsprechen in keiner Weise der ehemaligen Gestaltungskonzeption.

Stiller Weg

10 Geologischer Hügel

Dennoch stellt sich auch dem heutigen Betrachter ein immer noch eindrucksvolles Landschaftsbild dar. Den Weg säumen Wiesen, Uferböschungen und Gehölzstreifen. Einheimische Arten, wie Eberesche, Traubenholunder, Hartriegel und wilde Himbeeren wachsen hier wie zufällig, Rotbuchen und Stieleichen sind die vorherrschenden Baumarten. Auffallend ist eine gewaltige, etwas erhöht stehende Blutbuche südlich des Weges.

Dem Stillen Weg folgend, kommt der Spaziergänger in AB 17 an einer sehr alten, bis auf den Boden beasteten Sommerlinde – große Blätter, unterseitig weich behaart – vorbei. Sie stammt noch aus der Zeit vor der Anlage des Friedhofes.

Das Kernstück der Landschaftsgestaltung auf dem Friedhof ist der **Nordteich** *11* Nordteich. Der kleine buchtenreiche Teich wird von zahlreichen wie zufällig wirkenden Anhöhen und einer ausgewählten Bepflanzung umschlossen. Eine historische Abbildung aus dem Jahr 1899 hängt als Aquarell im Treppenhaus des Verwaltungsgebäudes. Die gartenkünstlerische Gestaltung ermöglicht dem Betrachter reizvolle, von verschiedenen Standorten über den Teich hinweg gerichtete Blicke. Ein Rundgang lohnt sich. Je nach Standort, Tages- und Jahreszeit bieten sich immer neue Eindrücke.

Zunächst lädt der nördliche Sitzplatz mit einer im Vordergrund stehenden Sumpfzypresse – ein sommergrüner Nadelbaum – zum Verweilen ein. Nach rechts fällt der Blick auf eine Rhododendrongruppe, deren Blütenflor sich im Spätfrühling vor dem dunklen Hintergrund der Nadelgehölze besonders abhebt. Der schräg wachsende Baum am anderen Ufer ist das einzige Exemplar einer hellgelb blühenden Magnolie auf dem Friedhof. Sie hat mit den Jahren ihren Halt verloren und muß gestützt werden. Auf dem Rundgang wird man auf der Ostseite an den Grabstätten des beliebten Bürgerschaftspräsidenten Adolph Schönfelder (s. S. 98) und des bekannten Bürgermeisters Herbert Weichmann vorbeikommen. Unter dem Eichenhain liegt das Grab von Heinrich

Plett, dessen Wirken und Namen eng mit dem der Wohnungsbau-
gesellschaft „Neue Heimat" verbunden ist.

Ein eindrucksvoller Blick ist
jener von dem freien Kapel-
lenplatz nach Norden auf das
terrassenförmig angelegte
Grabfeld „Millionenhügel".
Die neuzeitlichen Urnen-
grabsteine im Vorfeld der
Treppe stören dabei erheb-
lich. Im Widerspruch zur
Cordesschen Gestaltungs-
konzeption steht auch die Bronzeplastik eines Mädchens auf der
westlichen Anhöhe. Die große Familiengrabstätte Unland <AA 13,
40–47> wurde nämlich auf einem ehemaligen Sitzplatz angelegt,
der auf alten Plänen den Vermerk „Blickpunkt" in Richtung Teich
trug. Die Plastik ist ein Werk des Bildhauers Jörn Pfab. Ihr
Gegenstück steht im Sondergarten des Alstervorlandes in der
Nähe der Straße Harvestehuder Weg.
Gleich hinter dem Nordteich belebt Wasser auf eine ganz andere
Art und Weise das Landschaftsbild: Auf der Sohle eines verlande-
ten Teiches, der nur im Frühjahr von reichlich Wasser durch-
flossen wird, hat sich eine natürliche Sumpfvegetation angesiedelt.
In den Monaten Mai/Juni überzieht ein blau-gelber Blütenflor die
Niederung, geprägt von der Sibirischen und der Sumpf-Schwert-
lilie, von Sumpf-Vergißmeinnicht und dem Scharfen Hahnenfuß.
Unauffällig in der Blüte, aber in großen Beständen wuchert hier die
Scharfe Segge, erkennbar an ihren rauhen, dreikantigen Blättern.
Der natürliche Charakter des Teiches spiegelt sich auch im Gehölz
und Krautbestand an seinen Böschungen wider. So wirkt am linken
Wegesrand die mehrstämmige Kaukasische Flügelnuß mit ihren
eschenähnlichen Blättern in dieser Umgebung nicht fremd. Men-
schenhand greift nur regulierend in diesen Bestand ein, um bestimmte Blickbeziehungen freizuhalten. Hier ist es z. B. der Blick
auf das Grabmal Stahmer (s. S. 93) – die Grabstätte des einstigen

12 **Millionen-
hügel**

13 **Stahmer**

Senators und Präses der Friedhofsdeputation – das auch noch von weitem an seinen historisierenden Gestaltungselementen und dem roten Sandstein die typische Handschrift Cordes' erkennen läßt.

Am Weg gleich rechts liegen Gräber bekannter Persönlichkeiten aus neuerer Zeit. Hier <AB 13> ruhen u. a. der Schauspieler Harry **Gondi 14** Gondi, der das erste Kindertheater in Hamburg schuf, sowie der **Maertens 14** Direktor des Thalia-Theaters Willy Maertens und seine Ehefrau, die Schauspielerin Charlotte Kramm. 1966 wurde hier der „See- **Graf Luckner 15** teufel" Felix Graf Luckner (s. S. 108) beigesetzt.

Wo der Weg auf das Grabmal March zuführt, ist rechts etwas versteckt die Skulptur „Mutterliebe" zu finden <AC 12>. Vier Kinder mit ihren zwei Häschen werden von ihrer jungen Mutter **Matthaei 16** schützend umfaßt. Die Bildhauerin Frieda Matthaei-Mitscher-lich hat sie 1914 für ihre Familiengrabstätte aus Kunststein ge-schaffen.

Bevor der Weg am mit Echtem Baldrian und Großer Brennessel überwucherten Bachlauf entlang zum Urnenhain führt, lohnt sich nach rechts ein Abstecher zur Grabstätte des 1917 verstorbenen **Cordes 17** Friedhofsdirektors Cordes <AD 12>. Sie liegt hinter Rhodo-dendron verborgen in einer Abgeschiedenheit, die er schon zu Lebzeiten selbst bestimmt hat, und ist in ihrer landschaftlichen Gestaltung ein typisches Waldgrab Cordesscher Prägung. Der Zugang ist zwischen den beiden Steinen Schultz und Schulz zu finden.

Etwa 50 Meter davon entfernt erhebt sich auf einer künstlichen Anhöhe, umgeben von Bäumen, aber unübersehbar, eine Grab- **Riedemann** kapelle im neoromanischen Stil, das Mausoleum Riedemann (s. S. 107). Unterhalb davon befindet sich das erste Grabfeld des Friedhofes für anonyme Beisetzungen. Von 1975 bis 1991 wurden hier unter dem Rasen etwa 15.000 Urnen bestattet. Eine der letzten war die von Axel Eggebrecht, einem bekannten Publizisten **Anonymer** und Hörspielautor der Nachkriegszeit. Das Eingangsportal zum **Urnenhain** Urnenhain ist ein Werk des Kunstschmieds Klaus Bösselmann. Werden/Sein/Vergehen als Lebensthema hat er symbolhaft in den

zunächst aufsteigenden, dann allmählich abwärtsgerichteten Bögen über dem Tor einfließen lassen. Die aufwendige Gestaltung des Urnenhaines war nur durch Unterstützung großzügiger Spenden möglich.

Stetiger Begleiter des Stillen Weges ist weiterhin ein Bachbett, das hier aber kaum noch Wasser führt. Es versickert spätestens in der Talmulde am Ende des Weges im sandigen Untergrund. Diese Art der Entwässerung, die dem Grundwasser an anderer Stelle des Friedhofes wieder zugute kommt, war schon in der Planung beabsichtigt und wurde auch an anderen Stellen im Cordes-Teil angewandt. Mit der Lösung dieser technischen Aufgabe war auch immer eine landschaftliche Gestaltung verbunden, so wie hier am Ende des Stillen Weges, wo der Aushub für die tiefliegende Talmulde zu einem Hügel und zu weiteren Bodenmodellierungen aufgeworfen und geformt wurde. Hier bestand einst eine Versuchspflanzung mit Freilandkakteen und anschließend jahrzehntelang eine künstliche Heidelandschaft (Heideloch). Heute wird dieser Bereich als „Dichterecke" des Friedhofes bezeichnet; hier finden sich u. a. die Grabstätten von Fritz Stavenhagen auf dem Hügel, Robert Garbe an der Brücke, Richard Ohnsorg in der Nähe der Brüder Carl Voscherau und Walter Scherau, aber auch jene von Wolfgang Borchert (s. S. 130). Der Stille Weg führt in seiner ganzen Länge durch einen Friedhofsbereich, in dem die landschaftliche Gestaltung mit überwiegend heimischen Gehölzen in sog. Waldrandzonen aufwartet. Diese Vegetation ist u. a. Nahrungsgrundlage für viele Insekten. So wurden 1986 im Rahmen der Stadtbiotopkartierung Hamburgs hier 224 Arten von Nacht- und Kleinschmetterlingen gefunden,

Heideloch

18 Dichterecke

Nacht-Schmetterlinge

von denen allein 89 nur in Ohlsdorf nachgewiesen wurden. Aufgrund der Artenvielfalt wurde der Friedhof für diese Schmetterlingsgruppe als wertvoll eingestuft. Andere Insektengruppen stehen dieser Vielfalt sicherlich nicht nach. Allesamt sind sie ein wichtiges Glied in der Nahrungskette für andere Tiere. Nicht umsonst ist auf dem Friedhof ein artenreicher Singvogelbestand zu verzeichnen, der seit Jahrzehnten für vogelkundliche Führungen ein ergiebiges Thema darstellt. Das Ende des Stillen Weges kündigt rechts neben der Brücke eine mehrstämmige Spätblühende Traubenkirsche an. Die alten Eichen im Hintergrund stammen noch aus der Zeit vor Anlage des Friedhofes und begrenzten einst den Abkürzungsweg zwischen Ohlsdorf und Klein Borstel, auf dem heute in etwa der Bahndamm verläuft.

Gehölze

Auf dem Weg zurück zum Haupteingang ist noch auf zwei bemerkenswerte Bauwerke hinzuweisen:

KZ-Opfer-Mahnmal *19* Zur Erinnerung an die Millionen von Opfern, die von 1933 bis 1945 in Konzentrationslagern umkamen, steht auf einem halbkreisförmigen Platz gegenüber dem Krematorium das Mahnmal für die Opfer nationalsozialistischer Verfolgung (s. S. 160).

Das gegenüberliegende Krematorium wurde als Ersatz für das Alte Krematorium an der Alsterdorfer Straße 1930/32 in zeittypischer Klinkerbauweise errichtet (Architekt Fritz Schumacher). Die Terrakottaplastiken an der Fassade stammen von dem Bildhauer Richard Kuöhl. Die hochaufragende mittlere Feierhalle betont die Symmetrie des Gebäudes. Eine vorgelagerte Terrasse verbindet über eine Freitreppe den Bau mit dem Friedhof, nunmehr auch mit dem Mahnmal. Zur Fuhlsbüttler Straße wendet sich eine sakral anmutende Fassade mit turmartigem Schornstein. An ihr ist das vergoldete Zifferblatt einer Uhr mit der Inschrift „Eine von Diesen" befestigt.

3. Heckengartenmuseum · Prökelmoorteich

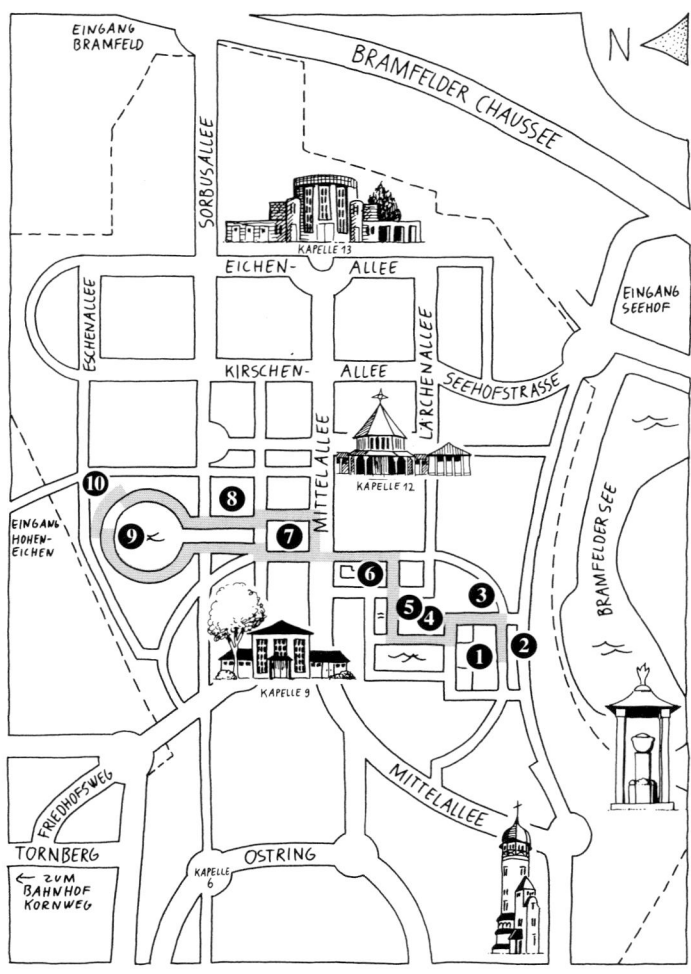

Dauer: etwa 1 Std.

Dieser Weg führt den Besucher entlang der streng architektonisch gestalteten Teiche des Linne-Teiles und beginnt am Freilichtmuseum im Heckengarten. In seinem Verlauf kreuzt er den Spaziergang 4. Der Ausgangspunkt ist sowohl mit der Buslinie 170 bis zur Kapelle 10 und 5 Min. Fußweg, wie vom Eingang Seehof in 10 Gehminuten auf dem asphaltierten Weg entlang des Zaunes oder im Anschluß an den Spaziergang 1 zu erreichen.

Der Spaziergang endet an der Mittelallee. Rückfahrmöglichkeiten bestehen mit den Buslinien 170 oder 270 ab Haltestelle Kapelle 9.

Der Blick vom Freilichtmuseum im Heckengarten über die Wasserflächen nach Norden macht die strenge Gestaltungsweise des Garten- und Friedhofsdirektors Otto Linne auf eindrucksvolle Weise deutlich. Zunächst eingeengt durch seitlich begrenzende Reihen von Hängebuchen im Mittelgrund weitet sich der Ausblick über eine Wiese hinauf bis zur Gedenkstätte für gefallene deutsche Soldaten des Zweiten Weltkrieges. Gleichförmige Böschungen und gradlinig geführte Ufer lassen durch ihre Pflege keinen hohen Bewuchs aufkommen. Auch wenn die Natur über der Wasseroberfläche immer wieder gezügelt wird, unterhalb macht sich dennoch reges Leben breit. Das wissen auch die Graureiher, die zu ruhigen Tageszeiten hier ihrer Beute auflauern.

1 T-Teich

Bevor weitere Beispiele für Gestaltungsprinzipien der von Linne in Hamburg eingeführten Friedhofsreform beschrieben werden, sei auf zwei Bereiche aufmerksam gemacht, die untrennbar mit hamburgischer Geschichte verbunden sind.

Das Freilichtmuseum im Heckengarten wurde 1938 anläßlich des „Tages für Denkmalpflege und Heimatschutz" eingeweiht. Es ist im Sinne der damaligen Friedhofsgestaltung als gartenarchitektonischer Raum mit wandartig geschnittenen Hecken angelegt worden. Hier haben 159 Grabsteine und 39 Gruftplatten von historischen Grabstätten bekannter Familien und Persönlich-keiten der Hansestadt einen neuen Platz gefunden.

2 Museum

Außerdem sind hier künstlerisch und form-
geschichtlich interessante historische
Grabmale neu aufgestellt worden. Sie alle
standen einst auf den Steintor- und Dammtorfriedhöfen.

Die meisten Grabmale stammen aus der
ersten Hälfte des 19. Jahrhunderts, als neue
Friedhöfe vor den Toren Hamburgs die
Begräbnisplätze in den Kirchen und auf den
Kirchhöfen ablösten. Einige Gruftplatten
tragen Jahreszahlen aus dem 18. Jahrhundert, stammen also noch von den Kirchen-
grüften. Sie sind somit die ältesten in Ohls-
dorf erhaltenen Grabsteine. Überwiegend standen auf den alten
Friedhöfen Grabmale in Stelenform. Zu Beginn des 19. Jahrhunderts gestaltete man diese aufrecht stehenden Sandsteinplatten in
schlichten geometrischen Formen mit glatter Oberfläche.

Paulinen-Vase

Den Mittelpunkt der Anlage stellt eine über zwei Meter hohe
Steinvase mit der Inschrift „Pauline" dar. Sie war einst eine
Sehenswürdigkeit des St.-Petri-Friedhofes; der Weg, an dem sie
stand, wurde Paulinenallee genannt.
Ebenso bekannt ist auch ein anderer
Stein mit reichen symbolischen Orna-
menten, der an seinem Sockel den Na-

Susie-Kreuz

men „Susie" trägt. An wen die Paulinen-
Vase und das Susie-Kreuz erinnern, ist
nicht bekannt. Viele der hier wieder
aufgestellten Grabmale sind dem Gedenken berühmter Hamburger gewidmet und machen ein Stück Kulturgeschichte lebendig:
Ein Marmorstein erinnert an den Päd-

Büsch

agogen Johann Georg Büsch (1728–
1800), einen Lehrer Alexander von
Humboldts. Das Relief auf einem

Eisenkreuz zeigt den Maler Julius Oldach (1804–1829), ein anderes Mal erinnert an die Gebrüder Gensler (Günther 1803–1884, Jacob 1808–1848, Martin 1811–1881). Bemerkenswert ist auch der Stein des 1806 geborenen Malers Erwin Speckter, der nach einer Italienreise 1835 starb und dessen Angehörige das tragische Ende dieses Künstlerlebens in bewegten Worten auf seinem Grabmal schildern.

Oldach

Gensler

Speckter

Der Weg führt rechts entlang des T-förmigen Teiches. An der ersten Ecke neben einer alten Eiche liegt das Grab der Prinzessin Juliane von Ostfriesland, <Bi 56> (1657–1715). Sie war mit dem Pastor des Waisenhauses, Joachim Weck, in heimlicher Ehe verheiratet. Von diesem Paar weiß die althamburgische Familiengeschichte ausführlich zu berichten. Die Prinzessin konnte erst nach einem 16monatigen Streit um ihr Vermächtnis in der Maria-Magdalenen-Kirche beigesetzt werden. Es ging um die Zahlung einer Rente an den jeweils amtierenden Pastor für die Beaufsichtigung ihrer Grabstätte, „solange der Wind wehet und der Hahn krähet". Nach Klärung und Beisetzung erhielt die Gruft einen Stein mit der Aufschrift „Ruhestäte die nie zu eröffnen ist". An ihrer Seite wurde später auch Nicolaus Krohn, der letzte Pastor der Kirche, beigesetzt. Die Maria-Magdalenen-Kirche wurde 1807 abgerissen, die Gebeine und Steine zu den Dammtorfriedhöfen und nach deren Auflassung nach Ohlsdorf überführt. Der o. g. Grabstein mit der Gruftplatte ist damit einer der ältesten auf dem Friedhof.

Prinzessin
3 v. Ostfriesland

Im Bereich der Hängebuchen fällt rechts in einem nicht sonderlich gepflegten Grabfeld ein bemerkenswerter Brunnen auf. Er ist ein Beispiel für eines der Hauptmerkmale Linnescher Gestaltung, nämlich:

4 Brunnen

„Schaffung von Orientierungspunkten vor allem durch markante Brunnenanlagen mit Ruheplätzen". Die Bezeichnung Bk 55, unterhalb der Wasserschale über dem Becken, weist auf die Lage des umgebenden Grabfeldes hin. Der mit expressionistischen Ornamenten reich verzierte Schöpfbrunnen und die Wandbrunnen sind Reste einer in sich geschlossenen und in ihrer gärtnerischen

Aschengrab-
garten

Gestaltung herausragenden Anlage und damit typisch für viele andere Grabquartiere aus der Linne-Zeit. Seitlich der Wandbrunnen sind in eine steile Böschung Urnengräber eingebettet, die einzigen dieser Art auf dem Friedhof. Fast spiegelgleich befindet sich auf der gegenüberliegenden Seite des Teiches in Bk 54 eine ähnliche Anlage.

Die wichtigsten Gestaltungsprinzipien für die Formgebung dieser Art von Grabfeldern, auch Aschengrabgärten genannt, waren die streng geschnittenen Hecken, deren raumbildende Wirkung dadurch gesteigert wurde, daß sie nach außen hin in der Höhe zunahmen. Für die Gestaltung der Grabmale waren im Innern der Felder nur liegende Platten zugelassen, stehende Steine nur im Randbereich. An den Endpunkten der Wege standen quadratische Pfeiler. Jedes einzelne noch so kleine Grab erhielt damit einen würdigen und ästhetisch ansprechenden Platz, wie es der Friedhofsreform entsprach. Von der einst schmucken Anlage ist nur noch wenig geblieben.

Ein weiteres Hauptmerkmal der Gestaltung Linnes ist nach seinen Worten: „Identifizierung der Einzelfriedhöfe und der Grabquartiere durch bestimmte einheitliche Bepflanzungen".

Vorzeigebeispiele dieser auf Sachlichkeit und Zweckmäßigkeit ausgerichteten Gartenkunst auf dem Friedhof sind im größeren Umfang leider durch unachtsame und durch Unkenntnis vorgenommene Pflegemaßnahmen an Gehölzen verlorengegangen. So wurden u. a. für bestimmte Bereiche typische Baumarten durch andere ersetzt, der Wildwuchs untypischer Arten nicht unterbunden oder Hecken entfernt.

Aufmerksam betrachtet lassen sich im südlich angrenzenden Grabfeld Bk 56–57 jedoch noch alte Strukturen aufspüren. So sind die Hauptwege einheitlich mit Lärchen und Hainbuchen bepflanzt; noch trennen einige geschnittene Laubholzhecken die

Grabreihen und gliedern Baumhasel die Grabquartiere. Immergrüne Rhododendren hat Linne kaum pflanzen lassen. Er verwendete überwiegend blühende Gehölze in unterschiedlichen Größenanordnungen, je nachdem, ob die einheitliche Pflanzung eine Gruppe, ein kleineres Quartier oder ein größeres Feld von Gräbern kenntlich machen sollte.

Am Ende des in West-Ost-Richtung geführten Kanals befindet sich – unübersehbar durch die erhabene Frakturschrift auf einer monumentalen Sandsteinstele – die Familiengrabstätte Linne <B 158>. Rechts des nunmehr vergrasten Weges steht auf gleicher Höhe eine auf dem Friedhof selten anzutreffende, etwa 15 Meter hohe Spätblühende Traubenkirsche. Der Weg führt weiter – links zwei ausgewachsene Exemplare der Zirbelkiefer – geradeaus auf den Britischen Soldatenfriedhof zu (s. S. 169), dessen Eingang sich auf der rechten Seite befindet. Der Spaziergang jedoch lenkt nach links in Richtung Mittelallee. Von diesem Weg aus erkennt man die sorgsam gepflegte Anlage von Gräbern britischer Soldaten oder deren Angehörigen, die nach dem Zweiten Weltkrieg in Hamburg und Umgebung verstorben und nicht in ihre Heimat überführt worden sind.

Nach Überqueren der Mittelallee führt der Weg weiter am Ufer der nächsten Teiche entlang, um sie herum und schließlich nach hier zur Straße zurück. Er kann daher wahlweise links oder rechts begonnen werden.

Umsäumt von Roßkastanien breitet sich vor dem Betrachter eine geometrisch geformte Teichanlage, der Inselteich, aus. Fast zu jeder Jahreszeit tummeln sich hier unzählige Enten, Gänse und Teichhühner. Diese Wasservögel brüten überwiegend ungestört auf der für Menschen und vierbeinige Nesträuber unerreichbaren Insel.

Ihr massenhaftes Auftreten – insbesondere das der Graugänse – ist der Unsitte von Besuchern zu verdanken, die aus falsch verstandener Tierliebe die Vögel füttern. Die unnatürliche Überpopulation dieser Wasservögel, die sich in der immer wieder heruntergetretenen Ufersaumvegetation, der ätzenden Wirkung des Kots auf

5 Linne

**Britischer
Soldaten-
6 friedhof**

7 Inselteich

dem Rasen und den in Mitleidenschaft gezogenen Grabanlagen zeigt, wird zur Plage. Geruhsamer und idyllischer wird es dann aber auf den nächsten Wegabschnitten.

Inselkanal Dort, wo die Wasserfläche wieder einen kanalartigen Charakter erhält, säumen – um einige heimische Wildpflanzen zu nennen – Roterlen, Bludweiderich, Wolliges Weidenröschen, Brombeeren und an einer Stelle auch Maiglöckchen den wenig begangenen Uferweg. Zur Landseite liegt oberhalb einer Böschung ein

Aschengrab- Aschengrabgarten aus den 20er Jahren. Er ist zu anderen Bele-
garten 8 gungsflächen hin durch ein aufsteigendes Mauerwerk aus Cottaer Sandstein begrenzt. In ihm sind mehrere Wandbrunnen eingelassen. Die strenge Gliederung der Anlage läßt sowohl eine intensive Ausnutzung für Urnenbeisetzungen als auch eine überschaubare räumliche Gestaltung zu, ganz im Sinne der bereits erwähnten Linneschen Konzeption. Die Raumwirkung wird unterstützt durch wandartig in Reihen gesetzte Pyramideneichen.

Prökelmoor- Der Prökelmoorteich war einst ein mooriges Niederungsgebiet,
teich 9 das nach Süden in den Bramfelder See entwässert wurde. Diese Fließrichtung machte sich Linne zunutze und formte nach seinen Vorstellungen eine Reihe von Teichen, entlang deren Ufer dieser Spaziergang führt. Diese Wasserflächen durchziehen in einer Länge von fast einem Kilometer von Norden nach Süden den Friedhof. Der kreisrunde Prökelmoorteich wird im Westen, Norden und Osten von einem leicht terrassenförmig ansteigenden Urrnengrabfeld begrenzt, das – kaum noch sichtbar – von einer Reihe Schwarzkiefern umrandet wird. Auf seinen ebenfalls kreisförmig angelegten Wegen gibt es reizvolle Ausblicke auf das Rund des Prökelmoorteiches. Leider ist ein optimaler Blick über die Wasserachse nach Süden durch unbedachte Baumpflanzungen der letzten Zeit kaum möglich. Der Teich liegt im Friedhof weit ab vom täglichen Getriebe. Die von ihm ausgehende Ruhe wird von Besuchern sehr geschätzt, aber auch von Haubentauchern, die hier seit Jahren in der Uferregion brüten. Geschützt durch allerlei Wildstauden am Uferrand, wie das Gefleckte Johanniskraut, den Gilbweiderich, den purpurnen Wald-Ziest oder die Gelbe Tag-

lilie, ziehen sie ihre Jungen groß. Hinter dem nordöstlichen Sektor des Urnengrabfeldes ist unter schattigen Bäumen die Grabstätte des Bildhauers Edwin Scharff (1887–1955) <Bv 60> zu finden. Eine **10 Scharff** Liegeplatte aus Muschelkalk trägt eine Bronzetafel mit einem Kruzifix. Eine fast identische Platte ziert das gegenüberliegende Grab seiner Frau Ilona. Vermutlich hat Scharff die Kruzifixe selbst entworfen. Er lehrte von 1946 bis zu seinem Tod an der Hochschule für Bildende Künste in Hamburg.

4. Eingang Seehof · Heckengartenmuseum

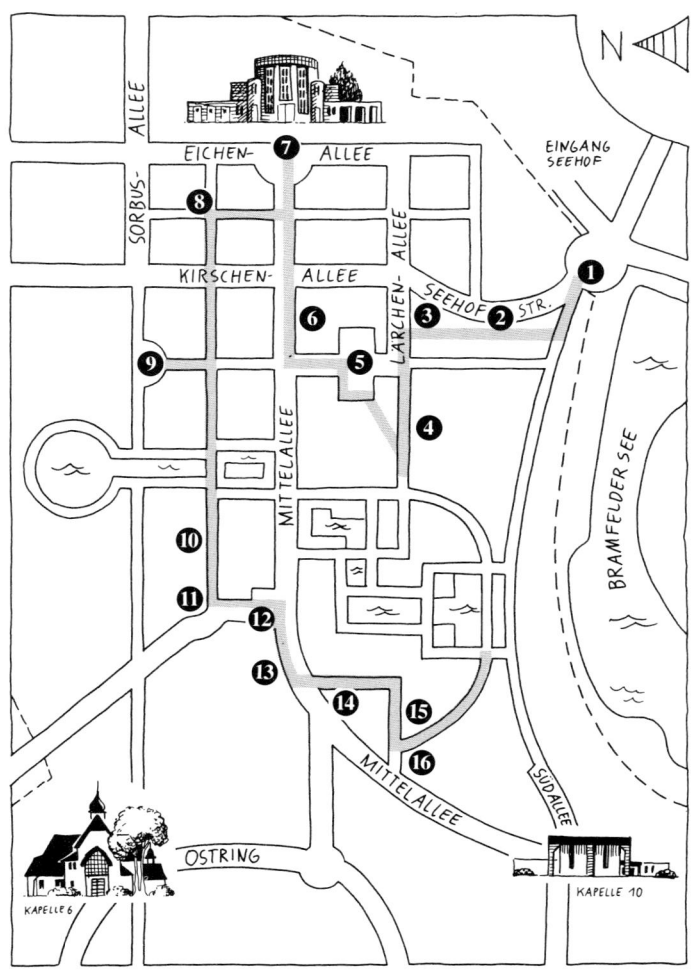

Dauer: etwa 1 1/2 Std.

Dieser Weg weist auf charakteristische Merkmale des Linne-Teiles hin. Er beginnt am Eingang Seehof und ist zu erreichen vom Haupteingang mit der Buslinie 270 oder vom Bahnhof Barmbek mit der Buslinie 177. Er endet in der Nähe der Kapelle 10 und kann mit dem Spaziergang 3 ab Freilichtmuseum verlängert werden. Eine Rückfahrmöglichkeit besteht mit der Buslinie 170 ab Haltestelle Mittelallee.

Dieser Spaziergang erschließt den Linne-Teil des Friedhofes von der Bramfelder Seite und ist gut mit dem Spaziergang 3 zu kombinieren.

Eingang 1 Seehof

Die schmiedeeisernen Torflügel am Eingang Seehof sind untypisch für die Architektur im Linne-Teil und älter als man zunächst vermutet. Sie sind ein gutes Beispiel alter Handwerkskunst und stammen vom ehemaligen Nebeneingang an der Fuhlsbüttler Straße (1893 fertiggestellt), der im Zuge der Baumaßnahmen für das Neue Krematorium etwa 1930 abgebrochen werden mußte.

Der gebogene Verlauf der Seehofstraße folgt einem ehemaligen Knick in der Bramfelder Feldmark, der sich noch heute in weit ausladenden, fast 150jährigen Exemplaren von Hainbuchen, Stieleichen, Spitzahornen und Rotbuchen dokumentiert.

Der Spaziergang führt parallel zu dieser Straße durch das links angrenzende Urnengrabfeld, einer Anlage aus den 60er Jahren mit der für jene Zeit so typischen Grabmalgestaltung und parkartigen Anordnung.

2 Gehölze

Beachtenswert sind die Schöpfbrunnen, aus unterschiedlichem Naturstein gearbeitet und aus einem Stück gehauen. Im Grabfeld sind viele dendrologische Besonderheiten, mit Namensschildern versehen, zu finden. Bemerkenswert ist eine nicht so häufige Art der Schierlingstanne (Tsuga heterophylla) hinter dem Grab Stephan.

Unübersehbar steht in der Mitte des Feldes, auf kurzem Stamm mit einem Umfang von etwa vier Metern, eine Eßbare Kastanie.

Im nächsten Grabfeld <Bi 63> stellen eine stattliche Rotfichte und ein Urwelt-Mammutbaum den Mittelpunkt der Anlage dar. Letzterer ist mit seinem pyramidalen und kräftigen Wuchs ein rasch wachsender, sommergrüner Nadelbaum. Als ein Relikt aus der Vorzeit wurde er erst 1947 in China wiederentdeckt, und seine Nachkommen kamen alsbald weltweit in den Handel.

Muster-grabfeld *3*

Die neuzeitlichen und handwerklich gestalteten Grabmale in diesem Feld sind aus einem Wettbewerb unter Mitgliedern der Bildhauer- und Steinmetzinnung Hamburg hervorgegangen. Sie wurden 1980 aufgestellt und zusammen mit einer Grabstätte zum Verkauf angeboten. An anderen Stellen des Friedhofes sowie auf dem Hauptfriedhof Öjendorf wurden gleiche Versuche unternommen, um der Gestaltlosigkeit heutiger Grabsteine mit nachahmbaren Beispielen entgegenzuwirken.

Lärchen-allee *4*

Die Lärchenallee ist ein eindrucksvolles Beispiel für eine Straße im Linne-Teil, deren Bepflanzung zu unterschiedlichen Jahreszeiten wechselnde Eindrücke hervorruft. Gepflanzt wurde die Japanische Lärche, die sich von der Europäischen u. a. durch die waagerecht abstehenden und nicht überhängenden Zweige unterscheidet.

Weitere Beispiele der Straßenbenennung sind die Blutbuchenallee (sie führt zum Museum im Heckengarten), die Eichenallee (beiderseits der Kapelle 13), die Sorbusallee (Ausgang Bramfelder Chaussee) und die Eschenallee (an der Kapelle 11). Der Name der Kirschenallee ist heutzutage leider nur im zeitigen Frühjahr durch die Blüte der in die Randpflanzung gesetzten strauchigen Arten nachzuvollziehen. Die Ulmenallee ist ein Opfer der Ulmenkrankheit geworden.

Britische Soldatengräber

Nach links öffnet sich die Lärchenallee zu einem Rasenplatz, von dem aus die britischen Soldatengräber beider Weltkriege zu erreichen sind (s. S. 169). Ein vom Britischen Konsulat angestellter Gärtner sorgt für die akkurate Pflege der Anlage und präsentiert den Besuchern einen kurzgeschnittenen „Englischen Rasen".

Kapelle 12 *5*

Ein Kleinod unter den Gebäuden des Friedhofes ist die Kapelle 12. Sie steht im Schnittpunkt ehemaliger, in Form eines Andreaskreuzes geführter Knickwege (Redder), die nunmehr zugepflanzt

sind. Zunächst nur als Notkapelle gebaut und ab 1923
in Betrieb, gewann sie in
den 80er Jahren eine besondere Beachtung in der
Denkmalpflege.

Der mit Ziermauerwerk
ausgefachte Holzständerbau ist ein Beispiel für den sog. Heimatstil
und wurde nach dem Wettbewerbsentwurf der Architekten Zau-
leck und Hormann errichtet. Eine grundlegende Restaurierung
fand 1985/86 statt. Dabei konnte die Holzdecke des Andachts-
raumes freigelegt und wieder in den farbigen Originalzustand
versetzt werden. Eine Tafel des Denkmalschutzamtes weist auf das
bemerkenswerte Bauwerk hin, dessen Restaurierung 1990 mit
einem Denkmalpflegepreis gewürdigt wurde.

Über 700 m erstreckt sich die Mittelallee mit ihren getrennten **6 Mittelallee**
Fahrbahnen als Hauptachse durch den neuen Friedhofteil. Die
seitlichen Blickachsen sind zugleich Wege, um die Belegungs-
flächen von hier aus nach Norden oder Süden zu erschließen.
Leider besteht die Allee aus Japanischen Kirschen auf dem Mittel-
streifen nicht mehr, die diese Wirkung eindrucksvoll unterstützte.
Seit Jahren wird der Streifen als Wiese gepflegt, d. h. nicht mehr
gedüngt und nur im Spätsommer gemäht. Das Ergebnis ist ein
reichhaltiger Artenbestand von Gräsern und Kräutern. Der mage-
re und trockene Standort läßt zwar kein üppiges Blühen und
Wachsen zu, aber der in seinem Farbenspiel unaufdringlich wirkende Blütenflor gibt der Wiesenfläche einen Reiz, der an Gemäl-
de der Impressionisten erinnert. Nicht das einzelne wird erkennbar, der unauffällige Wechsel der Farbschattierungen beein-
druckt, inszeniert von den gelben Blüten des Habichtskrautes, des
Gefleckten Johanniskrautes und des Gemeinen Hornklees sowie
den hohen weißen Horsten des Wiesen-Labkrautes und der kleinen weißen Sterne der Gras-Sternmiere, ab Juli rötlich unterlegt
vom kurzwüchsigen Kleinen Ampfer. Ein weiteres bemerkens-
wertes Bauwerk des Friedhofes ist die Kapelle 13; dieser im Linne- **7 Kapelle 13**

Kapelle 13, Entwurf von Fritz Schumacher

Bombenopfermahnmal von Gerhard Marcks

Teil dominierende Klinkerbau ist von Fritz Schumacher als optischer Abschluß an das obere Ende der Mittelallee gesetzt. Der zentrale Innenraum wird durch Stahlbetonrippen sehr straff in der Vertikalen gegliedert. Diese Gliederung setzt sich im Äußeren des Gebäudes durch die hohen, schmalen und bleiverglasten Fenster fort. Durch Steinmetze handwerklich bearbeitete Stahlbetonträger oder -pfeiler im Gebäudeinneren und Oldenburger Klinker als Verblendung des Außenmauerwerks sind wie hier oft verwendete Materialien an öffentlichen Bauten Hamburgs, die vom Architekten Fritz Schumacher entworfen wurden.

In einer der Seitenachsen der Mittelallee geht der Blick auf das Mahnmal für die Bombenopfer des Zweiten Weltkrieges (s. S. 170). Nach rückwärts gerichtet wird der für den Bereich Bl 66–67 markante Sternbrunnen sichtbar. Das Mahnmal liegt im Mittelpunkt einer kreuzförmigen Anlage für vier Massengräber. Räumlich begrenzt wird das „Bombenopferkreuz" durch eine Reihung von Österreichischen Schwarzkiefern, deren Wirkung durch in Augenhöhe geschnittene Rotbuchenhecken noch unterstützt wird. Diese Art der Bepflanzung bestand schon vor der Anlegung der Massengräber und war im Sinne Linnescher Gestaltungskonzeption als rückwärtige Kulisse größerer Familiengräber gedacht.

Bombenopfer-
8 mahnmal

Der Weg führt links über die Kirschenallee hinweg und unter schattenspendenden Blutbuchen hindurch bis zu einer Sichtachse, die links die Kapelle 12 und rechts das Flutopfermal <Bq 62> erkennen läßt. Der Blick wird durch die Allee von schlanken Scheinzypressen (Chamaecyparis lawsoniana „Alumii") geleitet. Auf der Ehrengrabstätte der Flutopfer sind 97 der insgesamt 315 bei der Flutkatastrophe von 1962 ertrunkenen Menschen beigesetzt. Für den Entwurf und seine Ausführung im Jahre 1972 zeichnet der Bildhauer Egon Lissow verantwortlich. Sein Werk erläutert er so: „Das Mal soll den Durchbruch der Abdämmungen darstellen, die von den Menschen an den Küsten immer wieder errichtet werden. Die beiden Monolithen vereinigen den Weg zu den Gräbern der Opfer. Im Meditationsfeld dieses Durchlasses ist

Flutopfer-
9 mahnmal

eine Granitplatte in den gepflasterten Weg eingelassen. Die Platte trägt die Inschrift Flut 1962. Der Größe des Geschehens entsprechend, ist das Mal aus der Intimsphäre der Grabstellen heraus an den Anfang des langen Weges gestellt. So ist es auch der Öffentlichkeit zugänglich."

Südlich dieses Wegabschnittes sei auf zwei bemerkenswerte Urnengrabfelder Linnescher Gestaltung hingewiesen. Der „Zirkus" <Bo–Bn/63–64>, ein zur Mitte hin abgesenktes sechseckiges Feld, ist leider in den 60er Jahren umgebaut worden. Seither fehlen die Treppen, die abwärts zu einem Brunnen führten. Original erhalten – aber ohne Brunnen – ist der Senkgarten <Bn 61>. Mauern, verziert mit expressionistischen Schmuckformen, und Treppen aus Klinker überbrücken hier Höhenunterschiede.

Inselkanal Beim Überqueren des Inselkanals ergibt sich die Möglichkeit, den Spaziergang nach rechts um die Wasserfläche herum zu verlängern (s. S. 46). Geradeaus in Richtung Kapelle 9 gelangt man in einen Bereich, der in den Jahren 1917 bis 1919 noch nach den Vorgaben von Cordes angelegt wurde, jedoch wenig von dessen früherer Gestaltungskraft aufweist. Seit 1914 – Linne wurde Gartendirektor – gab es heftige Kritik an Cordes' Erweiterungsplan. Es wurde beklagt, daß dieser „keineswegs auf der Höhe des bisher Geleisteten steht, daß er, um es kurz zu bezeichnen, die Mängel ohne die Vorzüge des uns an das Herz gewachsenen Ohlsdorfer Friedhofes aufweist." Die Grenze der Bereiche, die **10** noch nach Cordes Plänen hergerichtet worden sind, liegt dort wo auf dem Friedhofsplan das 50 x 50 Meter-Quadratnetz für die Grablagenbezeichnung aufhört und in die mit der Buchstabenkombination Bf bis By übergeht.

Die seitlich mit größeren Familiengräbern flankierte Lindenallee **Kapelle 9 11** führt zu einem Platz, der immer noch nicht mit einer Kapelle bebaut ist. Der nördlich davon stehende altersschwache Holzbau muß daher – und das seit 1919 – weiterhin als Notkapelle dienen. Auf der freien Fläche haben sich inzwischen einige Nadelgehölze zu ihrer vollen Schönheit entwickeln können, so z. B. die Gruppe der Omorikafichten und die der Fadentragenden Scheinzypresse.

Der Weg führt nach links auf einen tempelartigen Rundbau zu. Er ist Gedenkstätte und Kernstück der Grabanlage für deutsche Soldaten des Zweiten Weltkrieges, die sich flügelartig nach beiden Seiten erstreckt (s. S. 166) Der Soldatenfriedhof wird durch eine geschnittene Blutbuchenhecke eingefaßt, vor der gedrungene Kreuze stehen, jene bekannten Dreiergruppen, die charakteristisch für die vom Volksbund Deutsche Kriegsgräberfürsorge geschaffenen Anlagen sind. Von dem Rundbau aus hat man nach Süden einen weiten Blick – wohl den eindrucksvollsten auf dem Friedhof – über die Teiche hinweg zum Heckengartenmuseum. Wir biegen nach rechts in die Mittelallee ein. Unverkennbar durch ihren Wuchs reihen sich hier Apfelbäume entlang der Straße. Es sind Zierformen (Malus-Hybriden) in mehreren Sorten, die Mitte Mai durch roten und rosafarbenen Blütenschmuck und im Herbst durch die meist nur kirschgroßen gelben oder roten Früchte auffallen. Zieräpfel sind fast ausschließlich im Linné-Teil angepflanzt worden und damit als kleinkroniger Schmuckbaum typisch für diesen Friedhofsbereich.

Bevor der Weg die Straße quert, erkennt man rechts am Nebeneingang zum Soldatenfriedhof zwei Gedenksteine an vergangene Kriegsereignisse. Einer erinnert an die im hamburgischen Lazarett 1871 verstorbenen Soldaten und stammt von einer Grabstätte auf einem ehemaligen Friedhof an der Karolinenstraße. Nur Namen und Dienstgrade werden auf dem Stein genannt. Im Gegensatz dazu wird beim Grabmal Krause – mit der nach antikem Vorbild gestalteten Plastik „Der sterbende Achill" und einer Inschrift – der Heldentod für das Vaterland ungebrochen glorifiziert. Die Mutter des 1914 in Frankreich gefallenen jungen Soldaten überließ das Grabmal der Friedhofsverwaltung nach

Deutsche Soldaten- **12** **gräber**

Mittelallee

Gehölze

Lazarett- **13** **Grabmal**

13 Krause

Aufhebung des Grabes. Weitere Gedenksteine ähnlicher Art sollen hier eine museale Aufstellung finden und zum Nachdenken über den sog. Heldentod und die damit verbundene Sinnlosigkeit eines Krieges anregen.

Ginkgo

Gegenüber auf der anderen Straßenseite steht in zwei Exemplaren eine seltene und interessante Baumart: Der Ginkgobaum ist leicht an seinem schlanken Wuchs und im Sommer an den parallelnervigen und fächerförmigen Blättern zu erkennen. Botanisch ist er nicht mit den Laub-, sondern mit den Nadelgehölzen verwandt. Der Ginkgobaum stammt aus Japan und ist das Relikt einer in der Vorzeit sehr artenreichen, doch heute bis auf diese Art ausgestorbenen Pflanzengruppe.

Muster-
friedhof 14

Die Grabfelder Bl 52 und Bl 53 sind Musteranlagen aus der Linne-Zeit. Hier wurde die einfallsreiche handwerkliche Bearbeitung der Grabsteine, auf die man damals großen Wert legte, beispielhaft praktiziert. Nach der Eröffnung des Musterfriedhofes im Jahre 1922 wurde er über ein Jahr lang für eine Grabmalausstellung genutzt und laufend vom Grabmalausschuß, dem Künstlerrat, der Baupflegekommission u. a. begutachtet.

Noch heute zeugen viele Steine von der damaligen Steinmetzkunst. Besonders hervorzuheben ist das hinsichtlich seines Auf-

Meyer 14

baus eigenartige Grabmal der Familie Meyer <Bl 52> aus dem Jahre 1926. Mit seiner südwärts ausgerichteten Ansichtsfläche ist es in unmittelbarer Nähe der Ginkgobäume zu finden und fällt durch seine treppengiebelartige Form auf. Es besteht aus aufeinandergesetzten quadratischen Keramikplatten, die u. a. mit Reliefs der zwölf Tierkreiszeichen geschmückt sind.

Nur wenige der etwa 200.000 Grabmale auf dem Friedhof gleichen in der Oberflächenart und mit kaum angesetzter Patina dem der Grabstätte Meyer. Anders als die porenlose und chemisch neutral wirkende Glasur des gebrannten Tons, haben Grabsteine aus Naturstein eine mehr oder weniger rauhe Oberfläche, auf der sich vorzugsweise Flechten ansiedeln. **Flechten** Auf dem Friedhof gibt es 23 Arten, die bevorzugt auf kalkhaltigem Gestein, an meist lichtreichen Standorten, und insbesondere im Linne-Teil des Friedhofes vorzufinden sind. Auf kalkfreiem Gestein wie Granit können sich Flechten weniger behaupten, da der Stickstoffeintrag aus der Luft ihre Ausbreitung beeinträchtigt. Ihr Vorkommen ist damit Spiegelbild der Luftqualität. Der Flechtenbelag wirkt sich keineswegs schädigend auf das Gestein aus, im Gegenteil erweist er sich oft als Schutzmantel gegen Einflüsse der zunehmenden Luftverschmutzung.

Der frühere Reiz des Grabfeldes Bi–Bk 51–53 mit seiner hierarchischen Ordnung sorgsam ausgewählter Gehölzarten und der dadurch erzielten Raumwirkung ist leider durch unachtsame Bepflanzung oder Belassen von Kiefern, Birken und anderen Gehölzen verlorengegangen. Das System ist jedoch noch gut zu erkennen. So sind die Hauptwege mit namensgebenden Bäumen *15* **Gehölze** gesäumt. Der Lärchenweg wird dabei abgewinkelt so geführt, daß er den bogig verlaufenden Blutbuchenweg zweimal kreuzen kann. Bemerkenswert ist am Lärchenweg die Wegerandbelegung mit fast zwei Meter hohen, rechteckigen Sandsteinstelen, die mit erhabenen Reliefs nichtchristlicher Motive und erhabener Antiquaschrift gestaltet sind. Am Blutbuchenweg wurden bevorzugte Familiengräber – eingefaßt von geschnittenen Hecken – angelegt. Baumhasel und Ebereschen begrenzen die Einzelfriedhöfe. Eine besonders schöne Kleinarchitektur ist der überdachte Schöpfbrunnen im Schnittpunkt von Lärchenweg und Blutbuchenweg. Seiner Dachform entsprechend wird er „Chinesentempel" ge- **Chinesen-** nannt. *16* **tempel**

Der Spaziergang endet hier, kann aber am nahegelegenen Heckengartenmuseum mit dem Weg 3 fortgesetzt werden.

5. Kunst oder Kitsch?

Grabmalplastiken und Reliefs der Jahrhundertwende

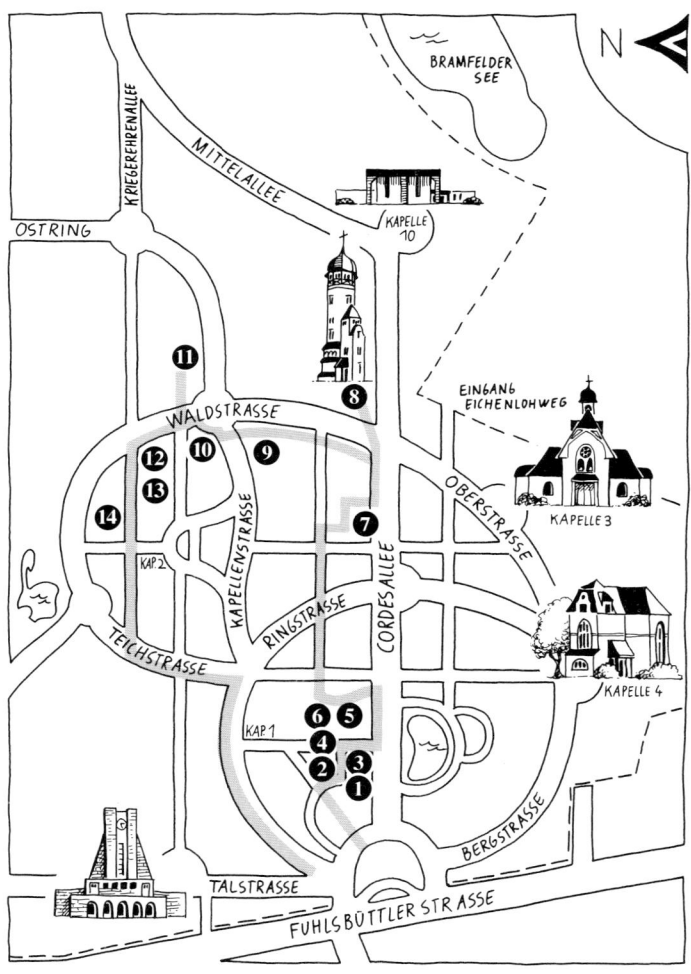

Dauer: ca. 1 Stunde
Ausgangspunkt und Ziel: Althamburgischer Gedächtnisfriedhof
nordöstlich vom Verwaltungsgebäude
Der Weg führt parallel zur Cordesallee in Richtung auf den
Waldteil mit seinen großen Familiengräbern, berührt dort einige
der repräsentativsten Grabanlagen des Friedhofes und geht im
Bogen zum Ausgangspunkt zurück.

Bei jedem Gang über den Ohlsdorfer Friedhof trifft man auf einzeln stehende Plastiken und große Grabmale, die mit kunstvoll ausgeführten Reliefs oder Figuren geschmückt sind: Trauernde Frauen lehnen an steinernen Wänden oder ringen unter Kreuzen ihre Hände; andere schreiben den Namenszug eines Verstorbenen an eine polierte Felswand; Engel bringen Blumen zum Grab und geleiten Verstorbene gen Himmel; einzelne Pilger ruhen auf ihrer Wanderschaft aus; Porträts erinnern an Verstorbene. Insgesamt wurden bei der Inventarisierung des Grabmalbestandes in den 80er Jahren 800 solcher Grabmalplastiken und Reliefs gezählt. Die meisten stammen aus den Jahrzehnten um die Wende zum 20. Jahrhundert.

Die bürgerliche Grabmalkunst der Kaiserzeit entsprach allerdings schon bald nicht mehr dem Geschmack der nachfolgenden Generation. Vieles wurde in der Zeit nach dem Ersten Weltkrieg verworfen und galt als kitschig und übertrieben. Nachfahren ließen Plastiken entfernen und Architekturen abbauen, weil sie ihnen nicht mehr gefielen und sie etwas Moderneres haben wollten. Die Friedhofverwaltung räumte gnadenlos „abgelaufene" Grabmale vom Friedhof ab.

Inzwischen wissen sowohl Grabinhaber wie Friedhofverwaltung den Wert der Grabmalkunst besser zu schätzen. Der wiederentdeckte Jugendstil erfreut sich einer umfassenden Zustimmung. Gegenüber historischen Werken sind manchmal zwar noch Vorbehalte zu spüren, doch werden die Grabmale im Prinzip als erhaltenswert angesehen, kaum eines wird noch abgeräumt. Damit ist allerdings ihre Bewahrung noch nicht gesichert. Auch Grab-

Grabmal Nuerck von dem Bildhauer Karl Garbers, 1899

Grabmal Asche, 1918.
Beide Grabmale sind im „Lieblingsspaziergang" (S. 174) beschrieben

male sind vergänglich: Unter freiem Himmel sind sie den natürlichen Witterungsbedingungen und der zunehmenden Umweltverschmutzung ausgesetzt. Der Hamburger Staat setzt bisher verschwindend geringe Mittel ein, um sein Kulturerbe zu schützen. Durch Privatinitiative können historische Grabmale gerettet werden, wenn sich Paten für sie finden, die – zum Beispiel zusammen mit dem Erwerb einer Grabstätte – ihre Sicherung und Restaurierung übernehmen. (Die Friedhofsverwaltung hält einen Katalog der in Frage kommenden Grabmale bereit und berät Interessenten.)

An dieser Stelle sollen keine Geschmacksurteile gefällt werden. Vielmehr soll auf die Vielfalt der Friedhofskunst aufmerksam gemacht und der Blick für ihre Inhalte und Gestaltung geschärft werden. Diese Kunst wurde zum einen für die privaten Besteller geschaffen, die mit den Verstorbenen eng verbunden waren. Sie war damit Ausdruck von Trauer, Erinnerungszeichen, Zeichen des Umgangs mit dem Verlust, den einzelne durch den Tod erlitten hatten. Zum anderen dienten Grabmale der Repräsentation der bürgerlichen Familie. Aber auch die Bildhauer selbst verwirklichten in ihren Grabmalplastiken ihre einerseits ganz persönlichen, eigenschöpferischen, andererseits aber auch von den zeitgenössischen Strömungen beeinflußten Ideen zu Leben und Tod, Sterben und Trauer. So wirkt die „Kunstschönheit" der Grabmale nicht nur in ästhetischer Hinsicht. Einige Darstellungen berichten nach Art eines Bilderbuches von den Verstorbenen und ihrer Lebenswelt, während andere mit Symbolen und Inschriften die Gefühlsebene ansprechen und damit zur Auseinandersetzung mit dem großen und letztendlich allen Menschen bestimmten Thema von Tod und Trauer anregen.

Unter den vielen Bildhauern und Künstlern, deren Werke in Ohlsdorf zu finden sind, gibt es einige, die sozusagen auf Grabmalkunst spezialisiert waren. Von dem Hamburger Bildhauer und Professor der Kunsthochschule Arthur Bock (1875–1957) finden sich über 50 Plastiken auf dem Friedhof. Andere Künstler sind nur mit einem oder ganz wenigen Werken vertreten. Eine Reihe von

Plastiken ist unsigniert. Der Weg beginnt beim Althamburgischen Gedächtnisfriedhof. Man geht zu der Christusfigur hinauf und wendet sich hier nach rechts. Dabei bleibt man auf der obersten Terrassenstufe und steht nach einer Wegbiegung vor dem unüber-

Wichmann 1 sehbar großen Grabmalaufbau der Familie Wichmann <P 7/P8>, der 1907 von einem unbekannten Künstler entworfen wurde. Auf der hohen Rückwand kniet ein großer männlicher Engel in nachdenklichem Verharren am Boden. Seine Symbole kennzeichnen ihn als Todesengel. Einem Heiligenschein gleich erscheint ein Ouroboros – eine Schlange, die sich in den Schwanz beißt, und damit zum Symbol der Ewigkeit wird – hinter seinem Haupt. Seine Flügelhaube verbindet ihn dem Götterboten Hermes, den die griechische Mythologie auch als Seelengeleiter kennt, der die Verstorbenen in die Unterwelt führt. Hier trägt er in seiner locker auf dem Knie liegenden Hand Mohnkapseln – ein bekanntes Zeichen für Schlaf und Tod. Vor ihm steht eine Sanduhr, mit

deren verrinnendem Sand der Ablauf der Lebenszeit und damit der Tod augenfällig symbolisiert wird. Auffallend ist die harte Kantigkeit und das flache Relief, in dem die Figur so gestaltet ist, daß sie mit ihren strengen Formen und der Betonung der Linien kaum aus der Fläche hervortritt. Im Gegensatz zu manchen lieblichen und zarten Gestalten tritt hier eine herbe Jugendstilvariante hervor, die mehrfach auf dem Friedhof zu finden ist. Manchem Künstler schien sie offenbar dem Thema Grabmal und Tod angemessener. Macht man nach diesem Grabmal einen kurzen Abstecher nach links, so trifft man auf eine ganz andere Engelsgestalt: Auf einem hohen Sockel steht auf der Grabstätte

Wehrhahn 2 Wehrhahn <P 7/P 8> von 1908 eine geflügelte Frau in einem langen, lose über die gegürtete Taille fallenden, dünnen Gewand.

Grabmal Wehrhan, Galvanoplastik von R. Liebhaber), 1898

Sie wirft mit einer Hand eine Blüte zum Grab, während sie sich mit der anderen zum Herzen greift. Der schwarz polierte Granitsockel ist mit einer opulenten Bronzeplatte besetzt. Diesem Engel kann man noch häufiger in Ohlsdorf begegnen, denn er ist galvanoplastisch hergestellt und wurde per Katalog von der „Galvanoplastischen Kunstanstalt" vertrieben, einer Abteilung der Württembergischen Metallwarenfabrik (WMF), die Ende des 19. Jahrhunderts in Geislingen gegründet wurde.

Mit diesem Verfahren konnte eine Figur aus Eisengeflecht und Gips in einem elektrolytischen Tauchbad mit einer dünnen Bronzeschicht ummantelt werden und erhielt so das Aussehen einer echten Bronzefigur. So konnten beliebig viele, immer gleiche Einzelstücke von einem Modell hergestellt werden. Natürlich war die Herstellung einer solchen Galvanoplastik nicht so teuer wie der Bronzeguß. Daher wurden diese Plastiken zu ihrer Zeit in großer Zahl auf Friedhöfen ausgestellt. Man kann sie gut daran erkennen, daß es dumpf klingt, wenn man ein wenig mit dem Knöchel dagegen klopft. Um die Aura der Einmaligkeit wenigstens bei einigen Plastiken so weit wie möglich zu wahren, beschloß die Firma, bestimmte Kunstwerke nur einmal an einen bestimmten Ort zu liefern.

Auf dem Ohlsdorfer Friedhof waren besonders die trauernden Frauenfiguren gefragt, die wie dieser Engel mit einer Blume zum Grab treten oder mit gerungenen Händen vor dem Grabmal stehen, die aber auch mit einem Griffel und hoch erhobener Hand als Schreibende erscheinen oder vor dem Grabmal in Trauer versunken sitzen. Dabei konnte man sich meist aussuchen, ob man einen Engel oder nur eine Frauengestalt erwerben wollte, denn es gab die gleichen Figuren jeweils mit oder ohne Flügel. Seltener finden sich Christusstatuen, wobei die Nachbildung des segnenden Christus von dem berühmten, klassizistischen Bildhauer Bertel Thorvaldsen (1768–1844) besonders beliebt war. Die Firmen, unter denen die Geislinger am namhaftesten war, gaben eigene Kataloge heraus. Sie beschäftigten zeitgenössische Künstler für ihre Entwürfe. Das Grabmal Wehrhan stammt von R. Liebhaber, dessen Engel und Frauengestalten offenbar den Geschmack des damaligen Publikums besonders gut trafen, denn er ist allein in Ohlsdorf mit 36 Plastiken vertreten.

Man setzt den Weg auf dem oberen Absatz der parallel zur Cordesallee verlaufenden Terrassen fort und kommt an einer ganzen Reihe aufwendig ausgeschmückter Grabstätten vorbei. Als nächstes folgt das Grabmal Schumacher/Wulff <P 8> von Arthur Bock, auf dem sich der griechische Mythos von Orpheus und Eurydike leicht zu erkennen gibt. Direkt daneben ragt das Grabmal Eckler <P 8> hoch auf, in dem sich der Mikrokosmos der zeitgenössischen bürgerlichen Lebenswelt symbolisch widerspiegelt. Rechts daneben befindet sich das Grabmal Rübcke <P 8/P 9>, das der Bildhauer Hugo Klugt 1909 entwarf. Eine trauernde Frau und

ein Pilger sind hier zu einer Abschiedsszene verbunden. Die Urnenwand der Familie Fera <P 9> wurde 1908 von dem damals bekannten Architekten Franz Brantzky geschaffen. Die bronzenen Urnen stehen abwechselnd vor Goldmosaik oder in Nischen, die von Bronzeplatten geschlossen werden. Biegt man an dem Brunnen nach links und betritt gleich danach links das Grabfeld, so findet man das kleine, aber doch eindrucksvolle Jugendstilgrabmal Prochownik <P 9>, 1900 von Caesar Scharff entworfen.

Von hier aus geht man über die Treppen am Brunnen wieder zurück zur Cordesallee, in die man nach links einbiegt. Nach dem Margarethenbrunnen (s. S. 176) nimmt man den dritten Weg nach

Direng 5
Cohen 6

links. Hier liegen auf der rechten Seite in tiefen Nischen versteckt große Familiengräber, darunter zum Beispiel das schöne Jugendstilgrabmal der Familie Direng <O 12>. Schon von fern sieht man die Figurengruppe auf der Grabstätte Cohen <O 12/P 12>. Das Hauptgrabmal – ein schlichter weißer Obelisk – steht etwas versteckt im Hintergrund der Grabstätte. Fritz Behn aus Berlin schuf 1901 das Kinderbild für den Friedhof. Sein nackter Knabe, der auf einem Felsen in Nachsinnen versunken sitzt, erinnert in seiner lebensechten Gestaltung an hellenistische Vorbilder, wie zum Beispiel den berühmten „Dornauszieher". Von Hugo Lederer, dem berühmten Bildhauer der Bismarckstatue am Hamburger Hafen, stammt die etwas spätere Figurengruppe, die den Mittelpunkt der Anlage bildet: Eine hünenhafte Frau in monumentaler Gestalt tritt als erhabenes Schicksal von hinten an einen Mann, der durch seine halbe Nacktheit schon dem täglichen Leben enthoben ist. Sie legt ihm, der in der Blüte seiner Jahre steht, die Hand auf die Schulter, während sie seinen Arm mit der Rechten nach hinten zieht. Er greift sich erschrocken zum Herzen. Sein Blick aber ist gleich dem des hinter

Grabmal Cohen, Kinderplastik von Fritz Behn, 1901

ihm stehenden Fatums in die Ferne gerichtet. Lederer hat dem Gedanken an den Tod, der jedem zu jeder Zeit über die Schulter blickt, in ungewohnt harter und unverhüllter Weise Ausdruck gegeben und stellt damit den vielen lieblich trauernden Frauengestalten, die zu seiner Zeit als Grabmalplastiken aufgestellt wurden, seine persönliche, diametral entgegengesetzte Auffassung vom Lebensende gegenüber. In seiner Plastik „Schicksal" (s. S. 80) erscheint eine solche Frauengestalt ein weiteres Mal.

Man folgt dem Weg, biegt mit ihm nach rechts ab und überquert die Ringstraße. Hinter dem runden Grabfeld mit niedrigen Urnengrabmalen biegt man beim ersten Weg nach rechts in das Grabfeld ein, in dem große Familiengräber in Nischen versteckt liegen. In der zweiten Wegreihe auf der linken Seite liegt die Grabstätte Weißleder <P 19> mit einem der **Weißleder 7** wenigen Backsteingrabmäler des Friedhofes, das aus dem Jahr 1921 stammt. Der Bildhauer Kuöhl schuf das expressionistische Kruzifix. Ein zeitgenössisches Detail bilden die angedeuteten Pilaster, an deren Kapitellen Eichenlaub und Eisernes Kreuz zu erkennen sind.

Es lohnt sich, dieses Grabfeld ein wenig zu durchstreifen, bevor man den Weg zur Cordesallee fortsetzt, denn hier stehen weitere interessante Grabmäler. In die Cordesallee biegt man nach links ein und überquert mit ihr die Waldstraße. Di-

rekt auf der Ecke befindet sich der schmale Zugangsweg zu der Grabstätte Wedells <N 23/O 23>, vor deren breiter Rückwand eine Frauenfigur auf niedrigem Sockel lagert. So wie bei alten Brunnen oft der Flußgott durch ein Gefäß, aus dem das belebende Naß fließt, gekennzeichnet wird, hält auch sie einen Tonkrug im Arm, aus dem versteinertes Wasser rinnt. „Aus mir fließt alles. Kehrt zu mir zurück, so Tod wie Leben, Menschenleid und Glück" steht am Sockel zu lesen. Damit wird die Gestalt zu einer Allegorie der Natur, der „Großen Mutter", in deren jahreszeitlichen Wechsel der Lebenszyklus des Menschen symbolisiert wird. Die Seiten der Rückwand sind mit expressionistischen Reliefs ausgeschmückt. Vor großen urtümlichen Blattformen erscheint der tätige Mensch. Im Gegensatz zu der großen Frauengestalt sind hier Männer bei verschiedenen Arbeiten dargestellt. Die Bilder lesen sich wie die Reliefs mittelalterlicher Kirchentüren: Auf der linken Seite erscheint jeweils ein Mann beim Mauern, Steinetragen, sowie einer, der auf einem Bücherstapel sitzt und liest; rechts sitzt ein Mann auf einer antiken Büste und schreibt, ein weiterer ist bei der Jagd dargestellt, der dritte steht am Steuerruder. Der Berliner Bildhauer Walter Schmarje hat dieses Grabmal 1919 für die Kaufmannsfamilie entworfen. Schmarje stammte aus einer Hamburger Familie. Sein Grabmal für seinen Vater, der Lehrer war, steht ebenfalls in Ohlsdorf <Schmarje H 10, 229–30>. Von hier aus begleitet ein Fußweg die andere Seite der Waldstraße (nicht die Cordesallee überqueren!), der bis zum nächsten Kreisverkehr läuft. Kurz davor – noch vor dem kleinen Mausoleumsbau der Familie Stupakoff – steht das hohe Marmorgrabmal des Kaufmanns Hünlinghoff <S 23> von 1908. In dem großen Mittelfeld betritt der Verstorbene Albrecht Hünlinghoff von links eine Stufenfolge, auf der ihn weiter oben eine lichte, junge Engelsgestalt mit einem Jüngling erwartet. Sozusagen zwischen den Wolken auf den Stufen der großen Himmelsleiter spielt sich damit eine rührende Wiedersehensszene ab: Der ein Jahr zuvor dahingegangene 17jährige Sohn wird dem gerade verstorbenen Vater zugeführt. Ein Engelchor in der Wölbung der großen Nische

8 Wedells

Schmarje

9 Hünlinghoff

steuert die himmlischen Klänge dazu bei. Seitlich wird diese beherrschende Szene von Nischen eingerahmt. In die linke ist eine Frauengestalt mit Kind eingestellt. Rechts steht ein muskulöser, halbnackter Mann, der sich leicht auf einen schweren Vorschlaghammer stützt, am Boden liegt ein Zahnrad. „Liebe" und „Kraft" sind die beiden Gestalten beschriftet.

Auf Grabmalen früherer Zeit erscheinen die Toten entweder anbetend oder liegend im Todesschlaf. Hier aber steht der schon auferstandene und glückselig im Himmel wandelnde Tote mit seinen höchst individuellen Wünschen und Gefühlen im Mittelpunkt der Darstellung. Formal befindet sich zwar noch der Engel, der göttliche Sendbote, im Schnittpunkt des Bildfeldes, doch durch sein flaches Relief tritt er gegenüber den fast vollplastischen Gestalten des Herrn Hünlinghoff und seines Sohnes weitgehend in den Hintergrund. In ihrem Aufbau entspricht die Grabwand einer Form, die man von Kirchenfassaden und Altarwänden gewohnt ist. Ein Portalaufbau bzw. Altarmittelblatt wird von seitlichen Nischen mit Heiligenfiguren gerahmt, die durch ihre Attribute identifizierbar sind. Heilige und Märtyrer galten stets als Mittler und Fürbitter zwischen Mensch und Gottes Allmacht, ganz besonders im Angesicht des Jüngsten Gerichtes. Hier nun ist an ihre Stelle das „allgemein Menschliche", das Gegensatzpaar Mann und Frau gesetzt worden, deren „Attribute" die zeitgenössische „Arbeitsteilung" widerspiegeln – hier muskelhaft-fordernde Arbeit mit Werkzeug und Maschinen, dort Mutterschaft und Kinderaufzucht. Zwar wird dabei zum Beispiel mit dem nach Art der Muttergottes gestalteten Frauenbild das Christentum zitiert, doch ist der ganze Kontext, auch wenn in der Beschriftung „Gottes Hilfe" erwähnt wird, kaum noch christlich zu nennen. Der Himmel ist nicht mehr von Gottvater und den Heiligen bevölkert, hier wandelt jetzt die Familie Hünlinghoff und feiert fröhliches Wiedersehen. Damit ist das Grabmal zum Altar geworden, der nur zur Verherrlichung der eigenen Familie dient.

Auf der linken Seite des Kreisverkehrs zwischen Wald- und Kapellen-Straße steht eine weitere Grabmalwand, die in ihrem weißen Marmorglanz nicht zu übersehen ist. Sie wurde für Eduard Lippert und seine Frau Marie Anne geb. Zacharias <U 23/V 23> von den „Rathausbaumeistern" Haller und Geißler entworfen, während die Reliefs von dem Bildhauer Johannes Schilling stammen. Das Hauptrelief des Grabmals zeigt Eduard Lippert als **10 Lippert** Pilger mit einem Stab in der Hand. Neben ihm erscheint seine Gattin ebenfalls in antikem Gewand. Nach dem klassischen Vorbild griechischer Grabreliefs stehen beide in ruhiger Haltung und reichen sich die Hände. Durch ihre Kleidung sind sie aus dem

alltäglichen Leben abgehoben. Allerdings sind beide lebensecht mit wilhelminischer Haar- und Barttracht porträtiert. Marie Anne starb 1897 erst 43-jährig. Ihre Ehe war kinderlos geblieben. Das Grabmal wurde kurz nach ihrem Tod aufgestellt. Trotzdem ist Eduard Lippert als derjenige dargestellt, der zu seiner „letzten" Reise aufbricht. Die beiden seitlichen Reliefs sind ganz der früh Verstorbenen gewidmet. Links steht sie im zeitgenössischen Kostüm in ihrem afrikanischen Garten und genießt den Duft einer Rosenblüte. Im Bildfeld daneben sitzt sie in ei-

ner offenen Veranda an einem Tisch und schreibt; ein Bezug auf ihr „Tagebuch aus dem Matabeleland", das sie nach der Rückkehr aus Afrika veröffentlichte. Rechts ist Marie Lippert im Kreise ihrer jungen Verwandten dargestellt. Daneben steht sie vor einer jungen Frau, deren Baby die Arme aus einem Karren hochreckt. Im Hintergrund ist das Waisenhaus zu erkennen, das sie zusammen mit ihrem Mann gründete. Es gemahnt an mittelalterliche Bilderlegenden aus dem Leben christlicher Heiliger, wenn hier auf einem privaten Grabmal in aller Ausführlichkeit Szenen aus dem Leben der Verstorbenen dargestellt und mit Texten kommentiert sind, die auf ihre Reinheit, Tugendhaftigkeit und Nächstenliebe hinzielen.

Eduard Lippert (1844–1925) übernahm 1856 zusammen mit seinen beiden Brüdern die väterliche Firma, in der mit Wolle gehandelt wurde. Sie stand bald am Rande des Ruins. Der schuldige Bruder wurde von der Familie des Landes verwiesen. Ludwig Lippert übernahm die Firma. Eduard ging mit seiner Frau nach Südafrika. Er war übrigens ein Cousin des Hamburgers Alfred Beit, der um die Jahrhundertwende durch den Besitz von Gold- und Diamantenminen in Afrika zum Millionär wurde. Eduard erwarb von einem Eingeborenenhäuptling die oberirdischen Nutzungsrechte an großen Ländereien. Doch der britische „Diamanten-König" Cecil Rhodes (1853–1902) machte ihm das Land streitig, weil er sich an dem gleichen Gebiet „Alle Rechte unter der Erde" eingehandelt hatte. 1892 einigte man sich darauf, daß Lippert seine Konzession gegen einen Millionenbetrag an Rhodes („Rhodesien") verkaufte. Er kehrte nach Hamburg zurück und erwarb in Poppenbüttel das Gut Hohenbuchen, wo er als Wohltäter bekannt wurde. Durch die Inflation verlor er fast sein ganzes Vermögen und starb kurz darauf.

Man folgt der Waldstraße ein kurzes Stück und biegt in den nächsten Weg rechts ein. Nach dem Grabfeld mit niedrigen Stelen auf der rechten Seite wendet man sich bei der ersten Grabreihe **Möller-Jarke 11** nach rechts. Das zweite Grab auf der rechten Seite zeigt ein großes Tor mit abgeschrägten Pfosten, auf dem ein geigespielender Putto sitzt. Vor der Tür steht eine junge Frau leicht nach vorn gebeugt, lauschend und den zudringlichen Besucher mit einer heftigen Handbewegung abwehrend. Ihr langes Gewand verläuft wie rieselndes Wasser am Boden. Der Anflug von Herbheit in ihrem Gesicht und ihre ausdrucksstarke Gestik stehen dabei im Widerspruch zu den fließenden Jugendstilformen von Körper und Gewand. Ernst Barlach schuf im Jahr 1900 dieses Werk für den jung verstorbenen Sohn der ihm befreundeten Konsulfamilie Möller-Jarke <U 25/V 25>.

Ernst Barlach war kurz vorher in Paris gewesen, wo er auch die Kunst des französischen Jugendstilkünstlers Auguste Rodin (1840–1917) kennengelernt hatte, und stand noch ganz unter dem Einfluß des damals avantgardistischen Jugendstils. Später hat er sich von dieser Plastik deutlich distanziert.

Am Boden vor dem Monument liegt eine Bronzeplatte, in deren beiden seitlichen Reliefs – auf den ersten Blick schwer erkennbar – „Leben und Tod" einander gegenüberstehen. Links steht eine Frauengestalt mit vom Winde geblähtem, weitem Schal vor dem Hintergrund des Meeres, auf dem ein Segelschiff seine Bahn zieht. Umrahmt ist diese Seite von einer blühenden Rosenranke. Rechts steht die Frau in trauernder Haltung; das Schiff ist am Strand zerschellt; das Bild wird von einer Mohnranke mit Kapseln gerahmt. So ist in der symbolischen Aussage dieses Grabmals der Gedanke an Leben und Tod mit der Idee des Überganges verbunden, die durch ihre Dimension die Grabstätte beherrscht. Nur an dieser Pforte können jene, die aufmerksam lauschen, die himmlischen Klänge des Jenseits aus weiter Ferne leise hören.

Zurückgekehrt zur Waldstraße biegt man nach rechts ab und bei der nächsten Wegkreuzung nach links. Linkerhand auf der Ecke liegt das Grab der Familie Held <W 22>. Chronos, der Gott der **12 Held** Zeit, thront hier als bärtiger, nackter Mann mit hohen Flügeln auf einem Felsen, 1904 von Fritz Behn geschaffen. Folgt man dem

Oetling *13* Weg, so kommt man links an der Grabstätte der Familie Oetling <W 21> vorbei, deren Plastik 1897 von dem Münchener Bildhauer Heinrich Ueberbacher in weißem Marmor geschaffen wurde. Danach folgt in kurzer Entfernung auf der rechten Wegseite das **Scharlach** *14* eindrucksvolle Grabmal der Familie Scharlach <X 20> von Arthur Bock. Ein großer Findling bildet den Hintergrund für eine Bronzegruppe: Ein Engel mit langen Flügeln weist und führt einen halbnackten Pilger, der mit seinem wie tastend ausgestreckten Arm der Hand des Engels in die unsichtbare Ferne folgt. Er blickt zu dem göttlichen Boten auf, der sich zum besiegelnden Stirnkuß zu ihm herabneigt. Todesengel und Sterbender auf ihrem Weg ins Jenseits scheinen uns hier zu begegnen.

Der Weg führt geradeaus auf die Teichstraße, von der man nach links über die Kapellenstraße den Ausgang erreicht oder nach rechts am Nordteich eine Busstation findet.

Grabmal Scharlach von Arthur Bock, 1903

6. Mausoleen und Millionen

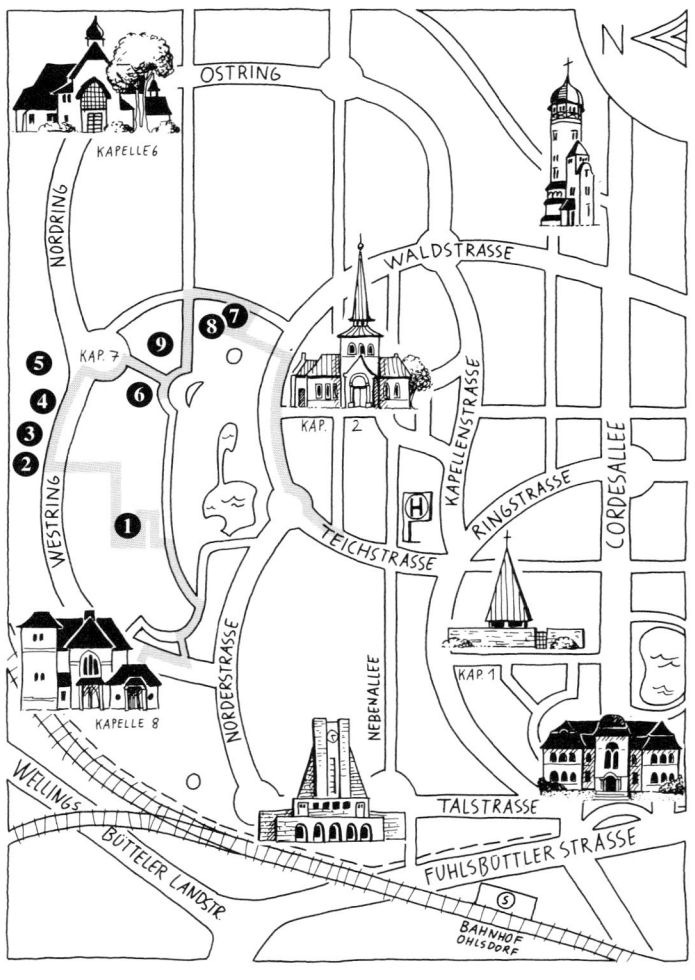

Dauer: ca. 3/4 Stunde
Ausgangspunkt: Kapelle 8, Ziel: Nordteich
Die Führung geht zum nordwestlichen Randbereich des Friedho-
fes und berührt außer dem sog. Millionenhügel die Mausoleen an
der Nordgrenze sowie ein Stück des Waldteiles. Dort endet er an
der idyllischen Landschaftsanlage des Nordteiches.

Natürlich ist dieser Titel etwas provozierend. Die größten und teuersten Grabbauten in Ohlsdorf wurden nicht unbedingt von Millionären errichtet. Doch kostete der Bau eines noch so kleinen Grabgebäudes immerhin deutlich mehr als ein Grabmal. Viele Familien allerdings, die es sich hätten leisten können, bevorzugten die Grabstätte unter freiem Himmel, sozusagen im „heiligen Hain" des Waldes. Sie bezeichneten diesen Platz entweder mit einer Grabmalwand oder mit einem „natürlichen" Grabmal: Findlinge, Felsblöcke mit geschliffener Ansichtsseite und roh behauene Steinkreuze bildeten einen besonders beliebten Grabschmuck, dem eine Plastik oder ein Relief aus kostbarem Material hinzugefügt werden konnte.

Insgesamt stehen heute auf dem Ohlsdorfer Friedhof 18 Mausoleen und Grabmalbauten, die mehr oder weniger aufwendig ausgestattet sind. Die Verstorbenen sind in ihnen in steinernen Sarkophagen aufgebahrt oder in Einzelgruftzellen beigesetzt. Anfangs ließ der Friedhofsdirektor noch zu, daß diese „Totenhäuser" mitten im Waldteil errichtet wurden. Doch als die Nachfrage wuchs, störte der unziemliche Lärm der Bauarbeiten. So wurde 1906 dafür eine Fläche angewiesen, die abseits an der Nordgrenze des Friedhofs lag.

Der Rundgang beginnt bei Kapelle 8, von der man über den „Anonymen Urnenhain" (s. S. 36) zum Riedemannschen Mausoleum (s. S. 107) blickt. Man geht am Mausoleum vorbei und biegt in Höhe des Nordteiches nach links ab, um die Mitteltreppe des „Millionenhügels" zu erreichen, einer mit Sandsteintreppen reich ausgeschmückten Terrassenanlage mit großen Grabstätten. Nicht alle reichen Leute, die hier ihre Grabstätten erwarben, haben sich

**Anonymer
Urnenhain**

opulente Grabmale aufstellen lassen. Es scheint sogar zum hamburgischen Understatement gehört zu haben, sich dieser Modeerscheinung nicht anzuschließen. So steht auf der dritten Grabstätte auf der linken Seite der Terrasse eine niedrige, leicht gebogene Steinwand, die aus roh behauenen Felsquadern zusammengesetzt ist. Sie wurde 1916, zwei Jahre vor dem Tod des **Siemers 1** Familienoberhauptes, des Großkaufmanns Edmund J. A. Siemers (1840–1918) <AD 14> errichtet. Er legte schon mit 24 Jahren den Grundstein zu seinem legendären Erfolg, als er – gerade in die Familienfirma eingetreten – Petroleum einkaufte. Für diesen Brennstoff interessierte sich damals kaum jemand. Siemers ließ sich die in Amerika konstruierten Lampen schicken, um das Petroleum überhaupt verkaufen zu können. Binnen kurzer Zeit wuchs die Nachfrage sprunghaft an. Er stieg in die Tankschiffahrt ein und ließ zur Lagerung des Petroleums eigene Tanks im Hafen aufstellen. Bald besaß er genug Kapital, um andere Geschäftszweige aufzunehmen. Neben dem als Dünger beliebten Chilesalpeter importierte er Edelhölzer aus Paraguay und wurde binnen kurzem zu einem der führenden Hamburger Kaufleute.

Selbstverständlich folgten öffentliche Ämter. Berühmt wurden seine mildtätigen und kulturellen Stiftungen. Nachdem die Lungentuberkulose heute mit modernen Medikamenten heilbar ist, kann man kaum noch ermessen, wie wichtig die von Siemers 1898 gestiftete Lungenheilstätte Edmundsthal bei Geesthacht einst war.

Das Vorlesungsgebäude der Universität, das er 1911 stiftete, steht noch heute an der nach ihm benannten Allee. Daß er, wie nicht wenige der erfolgreichen Hamburger Kaufleute, die unterentwickelten Länder ausbeutete, ist erst in jüngerer Vergangenheit durch die bewußte Konfrontation mit den Entwicklungen in der „Dritten Welt" anstößig geworden.

Auf dem „Millionenhügel" sind andere aufwendiger ausgeschmückte Grabstätten zu besichtigen, doch geht der Weg auf der obersten, von einer alten Kastanienallee gesäumten Terrasse in Richtung auf die Kapelle 7 weiter. In den zweiten Weg nach der Terrasse biegt man nach links ab und geht geradeaus zum Westring, wo (nach rechts) insgesamt acht unterschiedlich große Mausoleen stehen.

2 **Höpfner**

Als erstes trifft man linkerhand auf das Mausoleum der Familie Höpfner <AH 16/AH 17>, das 1909 von dem Architekten Edmund Gevert entworfen worden ist. Die unterschiedlichsten Stilformen sind in diesem hohen Zentralbau zusammengemischt. Direkt daneben liegt das Mausoleum der Familie Jenisch <AH 17>, ein klassizistischer Rechteckbau aus rotem Backstein, dessen Ecken, Portal und Giebel in hellen Sandsteinquadern abgesetzt sind. Der gleiche Bau stand einst auf dem Katharinenkirchhof vor dem Dammtor.

Dort war er 1828 von dem damaligen Bauinspektor Gustav Forsmann für die Familie Jenisch errichtet worden, der das Jenisch-Haus in dem gleichnamigen Park an der Elbe gehörte.

3 **Jenisch**

Am Straßenrand fällt neben diesem Mausoleum eine freistehende

„Schicksal" 4 Plastik auf. Eine harte und kantige Frau schleift einen nackten Jüngling und ein nacktes Mädchen an den Haaren über den Boden. „Das Schicksal" heißt diese – schon erwähnte – grausame und unbewegte Gestalt. Ludwig Lippert, Bruder des erwähnten Eduard Lippert, ein mit dem Bildhauer befreundeter Kaufmann, hatte die Gruppe in seinem Garten am Harvestehuder Weg aufstellen lassen. Möglicherweise ist die Gestalt auf den Tod seiner Frau Ida bezogen, die verhältnismäßig jung an einer schweren Krankheit starb. Die Plastik wurde 1956 dem Friedhof geschenkt.

Geht man weiter in Richtung auf die Kapelle 7, so liegt links das größte Mausoleum des Friedhofes: ein kapellenartiger Zentralbau aus rotem Sandstein mit einer 15 Meter hohen, kupfergedeckten Kuppel, der an frühchristliche Bauten erinnert. Der Bankierssohn **von Schröder 5** Charles (eigentlich Carl Heinrich) von Schröder (1826–1909)

<AG 19/AH 19> ließ ihn ab 1905 von dem gleichen Architekten, der wenig später das Mausoleum Höpfner entwarf, errichten. Die Familie hatte schon 1887 den Neubau in Ohlsdorf erwogen. Zu dieser Zeit besaß man noch eine prunkvolle Begräbniskapelle auf dem alten St.-Petri-Begräbnisplatz. Dem Bauherrn gefiel der erste Entwurf von Martin Haller nicht. So kam es, daß Haller seinen Entwurf an die katholische Familie Riedemann (s. S. 107) weiterreichte, die sich für den Kapellenbau in romanischem Stil erwärmte. Die Schröders favorisierten später einen weniger „frommen" Entwurf.

Charles von Schröder war der Sohn des Bankiers Johann Heinrich von Schröder (1784–1883), der in Hamburg, Liverpool und London Bankhäuser gegründet hatte. Von des Vaters zahlreichen Stiftungen ist besonders das Schröderstift bekannt, das heute

„Das Schicksal" von Hugo Lederer, 1905

Studentenwohnungen enthält. Aufgewachsen auf dem großen Landsitz der Familie an der Elbe trat Charles nicht in die väterlichen Fußstapfen, sondern pachtete ein Gut in Sachsen, wo er sich verheiratete und Landwirtschaft betrieb. Später zog er in die Nähe von Eckernförde und kam erst 1885 nach Hamburg zurück. Hinter diesem Mausoleum stehen einige kleinere Grabbauten.

Von hier geht man zur Kapelle 7 hinüber und biegt nach der Gärtnereimeisterei auf der rechten Seite in den dritten Weg nach rechts ein. Am Ende des Weges liegt rechts auf der Anhöhe die **Traun 6** Grabstätte der Familie Traun <AC 18> (s. auch S. 139). Die große halbrunde Sandsteinwand ist mit kleinen Säulen und umlaufendem Gebälk ganz im Stil des

ersten Friedhofsdirektors Cordes besetzt. Auf den beiden großen Bronzereliefs verholen links drei halbnackte Kaiarbeiter ein Schiff, verbunden mit den Worten „Arbeit ehrt", rechts erscheinen drei ähnliche Fischer mit Boot und Netz und den Worten „Arbeit nährt".

Der Maxime „Der Geist, aus dem wir handeln, ist das Höchste", ist das große Mittelfeld vorbehalten. Das Grabmal wurde kurz vor dem Tode des Senators Dr. Heinrich Traun (1838–1909) errichtet. Sein Vater war C. J. Friedrich Traun (1804–1881), der 1836 eine der drei Töchter des Stockfabrikanten H. C. Meyer heiratete und in die Firma des Schwiegervaters eintrat. Letztere war mit 130 Arbeitern eine der ersten großen Fabriken in Hamburg. Nach dem Tode seines Schwiegervaters betrieb Friedrich Traun zusammen mit seinen Schwägern die Firma weiter, bis man sie 1878 aufteilte. Mit seinen Söhnen übernahm er alle Zweige der inzwischen hinzugekommenen Hartkautschukfabrikation und führte die Firma als Harburger Gummi-Kamm-Fabrik weiter.

Heinrich Traun hatte schon 1863 diesen Fabrikationszweig mitbegründet, nachdem er als Chemiker in London und Paris gearbeitet hatte. 1871 siedelte er sich mit seiner Frau und seinen sechs Kindern in Wandsbek an. Als sein Vater 1881 starb, wurde er Alleininhaber der Firma. Damals wurden in Harburg Rohkautschuk verarbeitet und Rauch- und Schreibutensilien hergestellt. In Hamburg machte man Kämme. Zeitweise gab es eine Zweigfabrik in Amerika. 1895 beschäftigte Traun ca. 1000 Arbeiter. Für sie führte er eine Reihe von sozialen Absicherungen ein. Sogar einen zwangsweisen Turnunterricht initiierte er. Seine Fabriken besaßen Kantinen und – zur damaligen Zeit eine Besonderheit – Bademöglichkeiten für die Arbeiter. Mit seiner Unterstützung gründete sich der „Bau- und Sparverein zu Hamburg", der günstige Arbeiterwohnungen errichtete.

Von dieser Grabstätte aus wendet man sich nach links und geht an der Senke rechterhand vorbei. Dahinter macht man einen Abstecher in den zweiten Weg nach links zur Grabstätte der Familie Dralle <AC 20/AC 21>, die von einer großen Ädikula mit hohen dorischen Säulen abgeschlossen wird. Davor steht eine Frau in antiker Gewandung und schreibt mit einer Feder in einem Buch. Die Gestalt der Lachesis, der griechischen Parze, die das Lebenslos zuteilt, klingt in ihrer Darstellung an. Die Figur stammt von dem Bildhauer Hans Dammann, der sie 1913 schuf. Der Firmengründer Georg Dralle (gest. 1859) kam 1852 nach Hamburg, wo er einen kleinen Parfümerieladen eröffnete und in einem Waschbottich das Duftwasser „Eau de Hambourg" fabrizierte. Bald entwickelte er weitere Kosmetika. Sein Geschäft wuchs langsam aber stetig zu einem großen Familienunternehmen an.

9 Dralle

Nach diesem Abstecher wandert man geradeaus weiter bis zur nächsten Wegkreuzung, wo man nach rechts einbiegt. Hier trifft man zuerst auf das kleine antikisierende Gebäude, das Einzelgrüfte der Familie des Freiherrn August von Ohlendorff umschließt. Dahinter liegt von einem hohen Wall verborgen der große Grabbezirk des „königlichen Kaufmanns" Freiherr Heinrich von Ohlendorff (1836–1928) <AA 21/AA 22>. Man erreicht ihn, indem man zweimal – zuerst beim nächsten schmalen Weg – nach rechts einbiegt. Doch vorher kommt man an dem relativ unscheinbaren

8 von Ohlendorff

Grabmal für Abraham Philipp Schuldt (1807–1892) <Z 22> vorbei: einer schwarzen übergiebelten Stele mit dem weißen Marmorporträt des Verstorbenen. Zu denken gibt die Inschrift: „Wohltaeter der Armen Hamburgs waehrend seiner Lebenszeit und Stifter der Abraham Philipp Schuldt Stiftung für wenig bemittelte achtbare Familien …". Tatsächlich war Abraham Philipp Schuldt der Erbe eines großen Vermögens, zusammengetragen von seinem Großvater, einem Architekten und Bauunternehmer, und seinem Vater, dessen erfolgreiches Getreide-Importgeschäft er später übernahm. 1859 aber löste er seine Firma auf, um nur noch seinen Neigungen zu leben. Er ging auf Reisen, sammelte Kunstwerke, gab glanzvolle Feste und Jagden in seinen Ländereien bei Rahlstedt. Da er auch andere an seinem Reichtum teilhaben ließ und armen Familien die Miete erließ, drängten sich an Zahltagen die Bewohner seiner Häuser oft so sehr vor seinem

Schuldt 7 Palais, daß die Polizei für Ordnung sorgen mußte. Kurz vor seinem Tod ließ er sein Vermögen in eine Stiftung zum Bau billiger Wohnungen umwandeln. So entstanden zwischen 1895 und 1901 östlich des Holstenwalls Wohnungen für etwa 800 Menschen. Sein Grabmal stand zuerst auf dem St.-Jacobi-Friedhof am Peterskamp, von dort stammen die Kriegseinwirkungen.

Die Grabanlage für die Ohlendorffs gehört zu den prächtigsten Bauten des Friedhofes. Kurz vor 1900 wurde sie von den Architekten Haller und Geißler entworfen. Eine große, dreiseitig geschlossene Halle öffnet sich tempelartig mit zwei hohen Säulen, die den Dreiecksgiebel tragen, zu dem Grabbezirk. Innen sind zwei riesige Steinsarkophage für den Firmengründer und seine Frau aufgestellt. Extra für Ohlendorff wurde eine Gesetzesvorlage geschaffen, mit der die freie Aufstellung von Sarkophagen auf dem Friedhof erlaubt wurde. Ein kräftiges Bronzegitter zwischen den Säulen schützt den Raum vor unbefugten Eindringlingen. An den Seitenwänden, deren schmale Fenster bunt verglast sind, sind zwei klassizistische Reliefs angebracht: die Auferweckung des Lazarus und der kindersegnende Christus. Wie einen heiligen Hain fassen hohe Wände den Vorplatz des „Tempels" ein, hinter denen die

Einzelgruftzellen unter dem schon erwähnten Erdwall liegen. Bronzene Flammenschalen betonen die Ecken. Ehemals war der umschlossene Bezirk als Garten angelegt gewesen.

Heinrich von Ohlendorff war der Sohn eines Landschaftsgärtners, des ersten Direktors des 1820 gegründeten Botanischen Gartens. 1856 trat er als Prokurist in das Importgeschäft seines Bruders ein, das in der Wirtschaftskrise von 1857 Konkurs anmelden mußte. Ohlendorff gründete kaum 22 Jahre alt seine eigene Firma und handelte bald darauf zusammen mit seinem Bruder mit Peruguano, der in dieser Zeit als Dünger aufkam. Weil sie fast das Monopol auf diesen Naturdünger hielten, wurden sie in außerordentlich kurzer Zeit zu schwerreichen Leuten. Neben diesem Geschäft gründete Heinrich von Ohlendorff später eine eigene Importfirma, die unter anderem mit Granit aus Bornholm handelte.

Sein schloßartiges Landhaus in Hamm wurde zum Mittelpunkt glänzender Gesellschaften. Berühmt war sein „Rennfrühstück" am Derby-Sonntag. 1885 erbaute Haller für ihn das erste Kontor- haus in Deutschland, den heute nicht mehr vorhandenen Doven- hof, der erstmals mit einem Paternoster und einer elektrischen Lichtanlage ausgestattet wurde. Natürlich übernahm Ohlendorff zahlreiche Ehrenämter, wie es sich für einen erfolgreichen Mann in Hamburg gehörte, und spendete für soziale Zwecke. Gleichzei- tig war er im Gegensatz zu vielen seiner Standesgenossen in Hamburg ein Befürworter Bismarckscher Politik und setzte sich intensiv für den Zollanschluß ein. 1872 erwarb er die „Nord- deutsche Allgemeine Zeitung" in Berlin und ließ sie zu einem Organ des Reichskanzlers werden. Ein Jahr später wurde er vom Kaiser in den Adelsstand erhoben. Nach dem Zollanschluß von 1889 erhielt er den erblichen Freiherrnstand. Wie sagte man allerdings in Hamburg in patrizischem Eigensinn? „Ein Hambur- ger kann nicht erhoben werden."

Für den Rückweg nimmt man die Schneise zur Waldstraße, auf der man nach rechts zum Nordteich gelangt. Natürlich kann man hier – wie sonst auch – eine andere Führung anschließen.

7. Repräsentanten des Staates

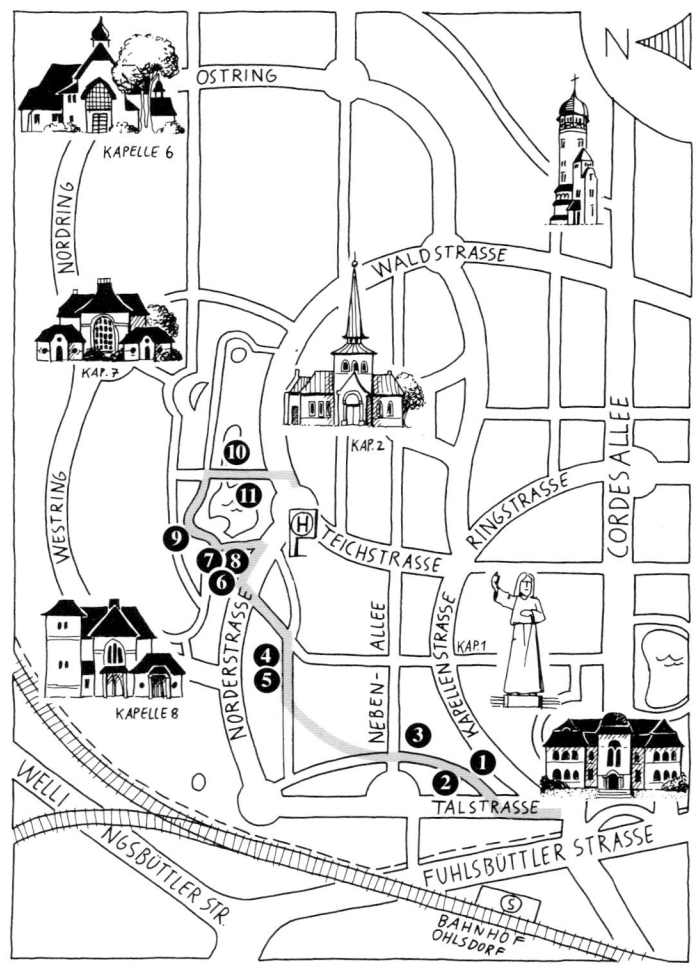

Dauer: ca. 3/4 Stunde
Ausgangspunkt und Ziel: Haupteingang
Der Weg führt um das Feld herum, das ab 1877 als erstes in
Ohlsdorf zum Beerdigen hergerichtet wurde, zum Waldteil, wo
die ältesten, landschaftlichen Grabstätten des Friedhofes liegen.
Dann umwandert man den künstlich angelegten Nordteich und
kehrt zum Ausgangspunkt zurück.

Wenn man die Grabstätten jener aufsucht, die einmal an der
Regierung der Stadt Hamburg mitwirkten, so muß man bedenken,
daß Hamburg über die Jahrhunderte gewachsen ist. War anfangs
die Kirche der eigentliche Kulminationspunkt der noch kleinen,
städtischen Gemeinschaft, so gewann im Laufe der Zeit die Einwohnerschaft ein größeres Gewicht. Nach langen inneren Kämpfen um die Macht wurde 1712 die Verteilung der Staatsgewalt
zwischen Einwohnerschaft und Rat im „Hauptrezeß" festge-
schrieben. Bis zur Weimarer Republik bestimmten Rat und „Erb-
gesessene Bürgerschaft" gemeinsam die Geschicke des Stadt-
staates. Allerdings gehörten lange nicht alle Einwohner der Bürgerschaft an: Sie bestand nur aus erwachsenen Männern, die in der
Stadt wohnten und über Grundbesitz (ein „Erbe") verfügten. Sie
mußten außerdem reich genug sein, um den teuren Bürgereid
schwören zu können.
Der Rat, nach 1860 Senat genannt, bestand aus vier Bürgermei-
stern und 24 Senatoren, die auf Lebenszeit berufen wurden. Er
allein besaß die ausführende Gewalt. Zu dem Senat gehörten
außerdem vier nicht stimmberechtigte Mitglieder, die „Syndici",
die als juristische Ratgeber wirkten. Nach der Revolution von 1848
beriet man über eine neue Verfassung, die 1860 in Kraft trat. Mit
ihr näherte sich die Verwaltung stärker parlamentarischen Formen an.
Weiterhin blieb aber ein einmal gewählter Senator sein Leben
lang im Amt. Die Bürgerschaftsabgeordneten wurden immer
noch nicht in freier und geheimer Wahl von allen Einwohnern
gewählt. Tatsächlich wurden nur etwa zehn Prozent der Stadt-

bewohner durch dieses Parlament vertreten, denn das Parlament setzte sich hauptsächlich aus Vertretern der Grundeigentümer und „Notabeln" zusammen, das heißt jenen, die öffentliche Ämter am Gericht oder in den Deputationen bekleideten. Im 19. Jahrhundert schälte sich eine Anzahl großer Familien heraus, die untereinander verwandt und verschwägert waren und die Senatoren und Bürgermeister stellten. Schon seit 1712 teilten sich Kaufleute und Juristen diese Ämter. Nach den Reformen von 1860 gab es jeweils zwei Bürgermeister. Jeder der drei dienstältesten juristischen Senatoren wurde ein Jahr lang Zweiter und im folgenden Jahr Erster Bürgermeister, danach setzte er ein Jahr aus; dann wurde der Zyklus wiederholt.

Deshalb nimmt es bei diesem Spaziergang nicht Wunder, daß sich die Lebensläufe außerordentlich stark ähneln. Fast alle der hier genannten Mitglieder der Hamburger Stadtregierung kamen aus wohlhabenden und oft alteingesessenen Hamburger Familien, studierten – meist an mehreren Universitäten – Jura, ließen sich in Hamburg als Rechtsanwälte nieder und wurden dann, sofern sie erfolgreich waren und etwas Glück hatten, binnen kurzem in den Senat gewählt, wo sie letztendlich auf den Bürgermeisterposten gelangten. Zu erwähnen ist, daß auf dem Althamburgischen Gedächtnisfriedhof Bürgermeister und Senatoren, Juristen, Syndici und Sekretäre, Hauptpastoren und Prediger einen Großteil der hier von den Alten Friedhöfen wiederbestatteten Persönlichkeiten bilden. Die Tafeln mit ihren Namen gleichen einem Geschichtsbuch. Doch würde es unseren Rahmen sprengen, darauf im einzelnen einzugehen. Wer interessiert ist, sei auf eine entsprechende Liste der Friedhofsverwaltung verwiesen.

Vom Haupteingang aus geht man diesmal gleich nach links in die Talstraße. Nach der Kapellenstraße betritt man den ersten Weg nach rechts. Dort führt in die vierte Nische nach rechts ein Pfad

Lutteroth 1 zum Grab der Familie Lutteroth <S 5>, das auf der rechten Seite liegt. Das Hauptgrabmal ist ein dreieckiger, schroffer Felsblock, der von zwei Säulen flankiert wird. Die linke wurde für den Bankier und Bürgermeister Ascan W. Lutteroth (1783–1867) aufgestellt,

dessen Überreste vom St.-Johannis-Begräbnisplatz hierher übertragen wurden. Er stammte aus einer angesehenen thüringischen
Familie und erwarb nach der Franzosenzeit 1815 das Bürgerrecht
in Hamburg, wo er zusammen mit zwei Vettern ein Bankhaus
gründete. Bald wurde er einer der führenden Bankiers in der Stadt,
da er groß in die bis dahin in Hamburg seltene Spekulation mit
Wertpapieren einstieg. In dieser Zeit wurde Hamburg zu einem
bedeutenden Börsenplatz für „Effekten"; gefragt waren besonders
Eisenbahnaktien. Lutteroth wurde bald Handelsrichter und 1833
Präses der Handelskammer. Zwei Jahre später folgte das Senato-
renamt. In den Verfassungskämpfen und bei der Ausarbeitung der
neuen Hamburger Verfassung war er als Vermittler besonders
gefragt. Auch zum Bundestag nach Frankfurt am Main und in das
Erfurter Parlament wurde er von den Hamburgern abgesandt.
1861 wurde er dann zum Bürgermeister gewählt.

Kehrt man zu dem Hauptweg zurück, so steht auf der anderen Seite
ein wenig nach hinten versetzt der graue Obelisk für Johann
Gerhard Oncken (1800–1884) <S 4>, den Gründer der ersten   **2 Oncken**
deutschen Baptistengemeinde. Er war einst auf dem Friedhof der
evangelisch-reformierten Gemeinde vor dem Dammtor aufgestellt. Bleibt man auf dem Hauptweg und biegt bei der nächsten
Wegkreuzung nach rechts ab, so findet man die beiden kleinen
roten Sandsteingrabmale der Familie des Pastors C. J. W. R.

Hanne *3*   Hanne (gest. 1923) <U 6>. Das Relief für seinen Sohn, den Kapitänleutnant Günther Hanne, erzählt von dem Unglücksfall des ersten deutschen Marineluftschiffs „L1". Der Zeppelin wurde 1913 beim Herbstmanöver über Helgoland von einer Windbö erfaßt und brach auseinander.

Nach dem kurzen Abstecher geht man auf dem Hauptweg weiter und kommt linkerhand an einem Betriebsgebäude vorbei. Am Ende biegt man nach rechts ein und erreicht im Waldteil einen kleinen Platz, an dem links die Grabstätte

Mönckeberg *4*   der Familie Mönckeberg <Z 10/AA 10> liegt. Sie ist an ihrer roten Sandsteinstele zu erkennen, die auf einer breiten niedrigen Steinwand steht und mit dem weißem Marmorporträt von Senator Johann Georg Mönckeberg (1766–1842) als jungen Mann mit Spitzenjabot ausgeschmückt ist. Name und Lebensdaten seines berühmten gleichnamigen Enkels, des Bürgermeisters Mönckeberg (1839–1908) sind auf einem der Kleingrabmale genannt, die vor dem großem gemeinsamen Familiengrabmal stehen. So ordnete er sich sowohl mit dem – von ihm selbst für den Vorfahren neu aufgestellten – Grabmal, wie mit seinem schlichten Einzelstein ganz in den Rahmen seiner großen Familie ein. Der Sohn des Pastors Carl Mönckeberg von St. Nikolai absolvierte die übliche Ausbildung und arbeitete ab 1862 als Anwalt. Durch seine guten Verbindungen, seinen familiären Wohlstand und seinen Intellekt wurde er schon jung Mitglied der Stadtregierung. Jahrzehntelang verwaltete er als Vorsitzender der Finanzdeputation den Haushalt. Eine besondere Rolle spielte er nach der Choleraepidemie von 1892, als er sich für die Umgestaltung des Gängeviertels einsetzte. Folgerichtig trägt die Straße, die wie eine Schneise durch dieses Viertel geschlagen wurde, seinen Namen. Hamburgs Bürger stifteten den Brunnen an der ehemaligen Bücherhalle, der sein Bildnis trägt. Mönckeberg erhielt ein pompöses Bürgermeisterbegräbnis. Seinem Trauerzug folgten der gesamte Senat und das Präsidium der Bürgerschaft in Amtstracht hinaus nach Ohlsdorf. Seine Grabstätte war die erste, die 1885 im Waldteil angelegt wurde. Im Laufe der Zeit wurden hier locker über das Gelände verstreut weitere Gräber ganz nach den persönlichen Wünschen der Erwerber eingerichtet. So finden sich in der Nähe die Grabstätten weiterer Senatmitglieder, die ganz bewußt nicht mehr die damals noch offenen, kirchlichen Friedhöfe, sondern den zu dieser Zeit weit abgelegenen, staatlichen Friedhof bevorzugten und unterstützten.

Blickt man auf das Grabmal Mönckeberg, so kann man einen Abstecher nach links auf den schmalen Plattenweg machen, wo (hinter der Ädikula der Familie Simon) die Grabstätte der Familie von Melle <Z 10> liegt. Das Grabmal war standunsicher und liegt deshalb in Teilen am Boden. Emil von Melle (1822–1891) übernahm das väterliche Handelsgeschäft und verwaltete bald auch verschiedene bürgerliche Ehrenämter. Nachdem er 1867 zum Senator gewählt worden war, war er unter anderem für die Einrichtung der Hamburger Münze 1875 verantwortlich. Sein Sohn Werner von Melle (1853–1937) wurde über die übliche Anwaltskarriere 1891 zum Senatssyndikus und neun Jahre später zum Senator. Sein Name ist heute noch eng mit der Hamburger Universität verbunden. 1908 wurde er der Senatskommissar für das von Edmund Siemers (s. S. 78) gestiftete Kolonialinstitut, für dessen Ausbau zur Universität er sich besonders einsetzte. Während des Ersten Weltkrieges war er zeitweise Bürgermeister und konnte dann 1919 weiter als Senatskommissar für die neugegründete Universität wirken.

5 von Melle

Kehrt man dem Mönckeberggrab den Rücken, so führt der Weg nach links weiter zur Norder-Straße. Dort erwartet die Besucher auf hohem Sockel das bronzene Ebenbild des Afrikaforschers Graf von Goetzen (1866–1910) <AA 12>, seines Zeichens „Königlich-Preussischer Gesandter bei den freien Hanse-Staedten und Kaiserlicher Gouverneur von Deutsch-Ost-Afrika". Die Figur schuf

Graf von
6 Goetzen

Grabmal Graf von Goetzen von Gustav Eberlein, 1913

der berühmte Berliner Bildhauer Gustav Eberlein. Sie ist insofern eine Besonderheit, als sie auf dem Friedhof das einzige Grabmal bildet, das nach Art eines bürgerlichen Denkmals als lebensgroße Sitzfigur gestaltet ist; ein Denkmaltopos, der im öffentlichen Raum den Geistesgrößen galt. Der Graf stammte aus vermögendem schlesischem Adel und nahm eine militärische Laufbahn auf. Nach ersten Erfahrungen als Forscher rüstete er aus seinem Privatvermögen eine große Expedition nach Afrika aus. Mit seiner Durchquerung des Kontinents von Osten bis zur Kongomündung war er der letzte Entdecker einer unbekannten Region Afrikas. Nach seiner Rückkehr 1895 wurde er mit Ehrungen überhäuft und veröffentlichte seine Erfahrungen als Buch. 1901 wurde er Kaiserlicher Gouverneur von Deutsch-Ostafrika. Kurz bevor er vier Jahre später nach Deutschland zurückkehren wollte, um in Berlin oberster Leiter der Kolonialverwaltung zu werden, brach im Süden seiner Kolonie der „Maji-maji-Aufstand" gegen Maßnahmen der deutschen Verwaltung, und zwar besonders gegen die Forcierung des Baumwollanbaus aus. Die blutigen Kämpfe forderten ca. 100 000 Opfer und richteten große Zerstörungen an. Von Goetzen blieb im Land und ließ den Aufstand niederschlagen. Gesundheitlich geschwächt kam er im April 1906 in Deutschland an. 1909 wurde er auf den Posten eines Gesandten bei den Hansestädten abgeschoben. Mit 44 Jahren starb er. Die Beisetzungsfeierlichkeiten würdigten ihn als hohen Repräsentanten des Preußischen Königshauses. Es fand eine Trauerfeier in Berlin statt, nach der sein Leichnam mit dem Nachtzug nach Hamburg überführt wurde. Dort wurde anläßlich seiner Einäscherung eine zweite Trauerfeier abgehalten. Die Urne fand im Sockel des Grabmals ihren Platz.

Auf der Kuppe der Anhöhe rechts daneben ist schon von weitem der Engel zu sehen, der auf einer hohen Säule über dem Grabmal des Senators und Vorsitzenden der Friedhofsdeputation Johann Friedrich Thomas Stahmer (1819–1896) <AA 12/AB 12) schwebt. **7 Stahmer** In Hamburg geboren hielt er sich längere Zeit in Havanna auf, von wo er 1850 wieder zurückkehrte und ein Handelsgeschäft gründe-

te. Er bekleidete zahlreiche Ehrenämter und wurde 1859 Mitglied der neugewählten Bürgerschaft. 1875 wurde er kaufmännischer Senator. Schon in der Kommission zur Verlegung der Begräbnisplätze hatte er mitgewirkt und wurde, als 1883 daraus die Friedhofsdeputation gebildet wurde, deren Präses. Im Senat selbst spielte er anscheinend keine bedeutende Rolle, obwohl er wegen seines scharfen Verstandes und seines Humors geachtet und beliebt war. Mit dem späteren Friedhofsdirektor Wilhelm Cordes arbeitete er eng zusammen. Dieser beriet dann auch, wie man deutlich sieht, die Familie in der Gestaltung des Grabmals: Der gotisierend mit Fialen und Krabben geschmückte hohe Sockel trägt die Porträtbüste des Senators in voller Amtstracht. An den Seiten stehen unter Engelsköpfchen bürgerliche Tugendbegriffe, mit denen auf seine Charaktereigenschaften verwiesen wird. Es ist auch nicht vergessen worden, an der Rückseite den Schöpfern des Grabmals eine ausführliche Inschriftplatte aus Bronze zu widmen, in der neben Cordes und Xaver Arnold der seiner Zeit berühmte Hildesheimer Bildhauer Prof. Küsthardt genannt ist. Letzterer schuf den lebensgroßen Engel, welcher einen Blütenkranz zu dem Verstorbenen hinabreicht und mit der anderen Hand einen Palmwedel als Zeichen des Todes gen Himmel hebt.

Petersen 8 Rechts neben diesem weiten Grabbezirk liegt die ebenso große Grabstätte für die Familie Petersen <AA 13>, aus der mehrere Bürgermeister Hamburgs stammten. Dr. jur. Carl Friedrich Petersen (1809–1892), Sohn des Stadtbuchschreibers, ließ sich ab 1831 als Anwalt in Hamburg nieder und wurde bald ein gesuchter juristischer Berater der Kaufmannsfamilien. 1855 wurde er Senator und stand dem Polizeiwesen vor, präsidierte im Krankenhaus-Kollegium und leitete die Kommission für den Neubau des Rathauses. Seit 1876 wurde er im üblichen Turnus Bürgermeister. In diesen Jahren verhandelte er mit Preußen über den Anschluß Hamburgs an den Deutschen Zollverein, leitete die Senatskommission für den Bau des Freihafens und konnte diesen am 29.10.1888 zusammen mit Bürgermeister Versmann einweihen. Sein Enkel Dr. Carl Petersen (1868–1933) wurde wie üblich

Rechtsanwalt. Doch im Gegensatz zu den meisten seiner Standesgenossen schloß er sich schon früh der linksliberalen Bewegung an. Er blieb dieser politischen Einstellung auch treu, als er deswegen gesellschaftliche Schwierigkeiten in Kauf nehmen mußte. 1899 wurde er in die Bürgerschaft gewählt. Als sich Ende 1918 der Senat nach links zu öffnen versuchte, wählte man ihn zum Senator. Nach der Revolution übernahm er die Führung der Demokratischen Partei. 1924 wurde er als erster Bürgermeister an die Spitze einer Großen Koalition gewählt. Die Nationalsozialisten vertrieben ihn aus dem Amt, und wenig später starb er.

Sein jüngerer Bruder Rudolph H. Petersen (1878–1962) wurde nach Kriegsende noch mit 67 Jahren für kurze Zeit Bürgermeister. Er war im Krieg in Hamburg geblieben. Als die Engländer Anfang Mai 1945 in die Stadt einmarschiert waren, befahlen sie einer Gruppe von Bürgern und Beamten im Rathaus, innerhalb eines Tages das Bürgermeisteramt zu besetzen. Petersen wurde vorgeschlagen und nahm nicht besonders begeistert diese Aufgabe an. Er berief sofort den bekannten Sozialdemokraten Adolph Schönfelder zu seinem Stellvertreter. Der englischen Militärregierung trat er mit Energie und diplomatischem Geschick gegenüber. So drohte er mit seinem Rücktritt, als im Sommer 1946 die Howaldtswerke gesprengt werden sollten, und erreichte damit die Erhaltung der Anlagen. Nach der ersten freien Wahl übernahm 1946 Max Brauer sein Amt.

Kurz nach dieser Grabstätte biegt man von der Norder-Straße nach links ein, geht an der modernen Bronzegestalt einer Trauernden auf der Grabstätte Umlandt (s. S. 35) vorbei und erreicht den Abzweiger der nach rechts zum Nordteich führt. Dort liegt versteckt im Gebüsch auf der linken Seite die Grabstätte von Bürgermeister Dr. Johann Georg Andreas Versmann (1820–1899) <AB 13>. Als Sohn eines Apothekers war er einer jener „seltenen Außenseiter, die allein durch Fähigkeiten und Charakterstärke ihren Weg in der Politik Hamburgs gemacht haben". Nach dem Besuch des Johanneums begann er Medizin zu studieren, wechselte bald auf Jura über und trat 1844 in eine Anwaltskanzlei ein, wo

9 Versmann

er mit Carl Petersen besonders im Handelsrecht zusammenarbeitete. Er hatte früh Kontakte zu liberalen Kreisen und trat 1845 dem St.-Pauli-Bürgerverein bei; einer Institution der liberalen Opposition, die sich zu jener Zeit gegen die alte Verfassung zu formieren begann.

Nach Einführung der neuen Verfassung wurde er unmittelbar in die Bürgerschaft gewählt, zu deren erstem Präsidenten man ihn sogleich machte. Im Senat, in den er wenig später kam, blieb er anfangs etwas isoliert, erkämpfte sich aber bald eine führende Stellung. Durch seine Gründlichkeit und unermüdliche Arbeitskraft kannte er sich schnell in jeder Materie aus. Seine wichtigste Leistung ist der Kompromiß, den er in der Frage des Zollanschlusses für Hamburg erkämpfte. Die Hamburger waren seit alters her gegen jede Art von Zöllen. Nach der Gründung des deutschen Reiches 1871 ging diese Politik noch solange gut, wie die Wirtschaftspolitik des Reiches ebenfalls vom Freihandelsgedanken bestimmt wurde. Als aber Bismarck 1878 die Einführung von Importzöllen verlangte, kam es zu Auseinandersetzungen. Hamburg als Deutschlands größtes Einfuhrzentrum sollte dem Zollverein beitreten. In Berlin verhandelte Senator Kirchenpauer, der sich im April 1880 durch Bismarcks Verhalten persönlich gekränkt zurückzog. Versmann mußte das Amt des hamburgischen Bevollmächtigten übernehmen. Durch sein Taktieren erreichte er die Gründung des Freihafens, mit dem er den Kaufleuten das Privileg des Freihandels erhielt und gleichzeitig der Stadt den Beitritt zum Deutschen Zollverein ermöglichte.

Als außerordentlich vielseitiger Politiker interessierte Versmann sich sogar für die Einrichtung des Ohlsdorfer Friedhofes. In der Planungsphase ließ er sich Unterlagen über die neuen „Prachtkirchhöfe" aus Italien zusenden und griff in die Debatten über die Friedhofsgestaltung ein, konnte sich allerdings mit seinen Ideen nicht durchsetzen. Sein schlichtes Grabmal fügt sich ganz in die Tradition des hamburgischen „Understatement". Die flache Stele war auf dem Grab seines Vaters aufgestellt gewesen. In antikisierender Manier ist sie nur mit einem Ouroboros ausgeschmückt.

Einziges Zugeständnis an den neuen Standort ist ein etwas prächtigerer Sockel. „Fesselfrei schwingt sich der Geist empor" liest man als Motto auf dem Stein.

Von hier aus wandert man um den Nordteich herum bis zur Brücke. Hinter ihr steht man unterhalb eines Hügels, der von einer Natursteinmauer bekrönt wird. Geht man ein wenig weiter, so erreicht man über den Rasen links den Eingang der kreisförmigen Anlage, die von dem Stadtbaudirektor Fritz Schumacher für die Familie des Bürgermeisters Dr. jur. Johann

Heinrich Burchard (1852–1912) <AA 16> entworfen wurde. „So ist er nun dahin – der königliche Bürgermeister, der dem öffentlichen Leben Hamburgs den Stempel seines Geistes aufgedrückt … der Freund des Kaisers, der Genosse der Souveräne, der erste Diener unter Hamburgs Bürgern, der lebendige Mittelpunkt einer großen weitverzweigten Familie – und in dem allen eine charaktervolle und eigenartige Verkörperung hanseatischen Geistes." So begann eine der Trauerreden, die die Verdienste Burchards würdigten. Der Bremer Kaufmannssohn wuchs in Hamburg auf und ließ sich 1877 als Rechtsanwalt nieder. Schon mit 32 Jahren wurde er Bürgerschaftsmitglied und wenig später Senator. 1887 findet man ihn als stellvertretenden Bevollmächtigten neben Versmann in Berlin, dessen Platz er später einnahm. Dort erwarb er sich auch die Freundschaft des Kaisers. Aber nicht nur diese Freundschaft, auch sein ausgeprägter Sinn für Repräsentation führten zu seinem Beinamen. Seit 1902 war er im üblichen Wechsel Bürgermeister. Hamburg dehnte sich in dieser Zeit aus. Große städtische Bauwerke – wie 1906 der Hauptbahnhof, 1911 der Alte Elbtunnel, 1915 das Barmbeker Krankenhaus – wurden feierlich eingeweiht. Kai-

10 Burchard

97

serbesuche, Denkmalseinweihungen, Schiffstaufen boten hinreichend Anlaß zur Selbstdarstellung der wirtschaftlich erstarkten Hansestadt. Bürgermeister Burchard wußte wie kaum ein anderer diesen Anlässen die entsprechende Würde zu verleihen. Als er kurz nach seinem 60. Geburtstag an einem Schlaganfall starb, gaben ihm die Hamburger ein großes Geleit.

Geht man von hier aus zur Waldstraße weiter, so kann man einen Abstecher nach rechts zu dem Grab des Bürgerschaftspräsidenten **Schönfelder** *11* Adolph Schönfelder (1875–1966) <AA 15> machen, der in Barmbek aufwuchs und eine Zimmermannslehre absolvierte. Nachdem er sich noch jung den Sozialdemokraten und der Gewerkschaft angeschlossen hatte, wurde er 1905 Vorsitzender des Zentralverbandes deutscher Zimmerer und nach dem Weltkrieg Bürgerschaftsabgeordneter. Von den Nationalsozialisten entlassen und gedemütigt, wurde er nach 1945 Präsident der Bürgerschaft und blieb bis 1960 in diesem Amt. Dicht daneben liegt die Grabstätte des in Hamburg noch heute unvergessenen Bürger**Weichmann** *11* meisters Herbert Weichmann <AA 15>.

Von hier aus kann man über die Teichstraße und die Kapellenstraße zum Eingang zurückgehen oder die Buslinie benutzen.

Mausoleum von Schröder, Architekt Gevert, 1906 (s. S. 80)

8. Der „Letzte Hafen"

Grabstätten von Reedern, Kaufleuten und Schiffern

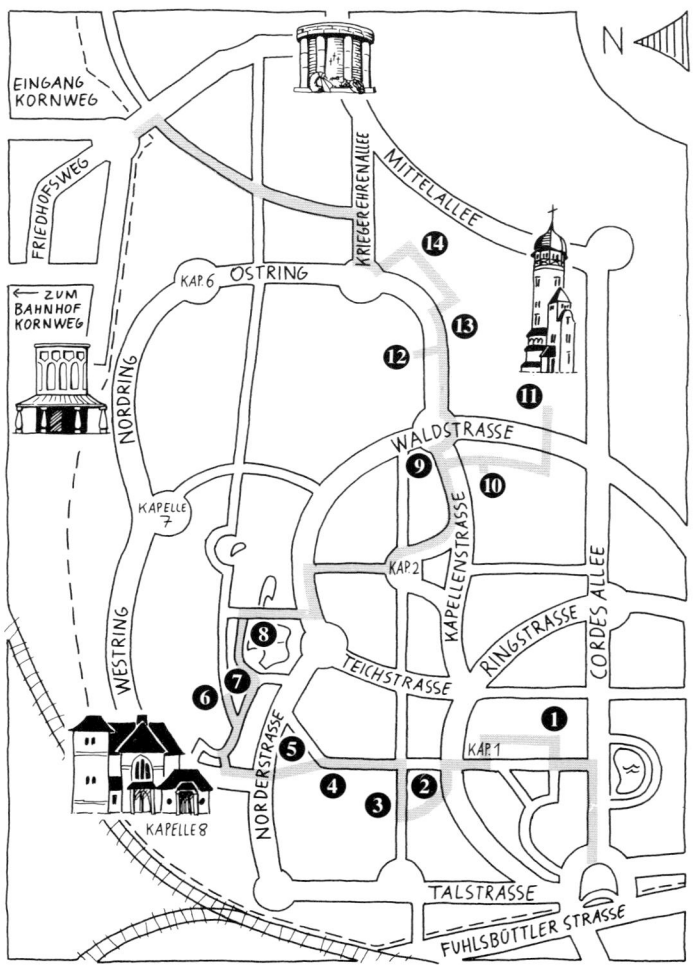

Dauer: ca. 2 Stunden
Ausgangspunkt: Verwaltungsgebäude, Ziel: Ausgang Kornweg
Dieser etwas längere Weg geht zuerst zu dem landschaftlichen Bereich entlang der ersten Nordgrenze des Friedhofsgebietes, deren ehemaliger Verlauf durch eine schmale Bachrinne noch heute erkennbar ist. Man trifft auf das Mausoleum Riedemann und aufwendige Grabanlagen von Reedern und Kaufleuten. Im weiteren Verlauf durchquert man den östlichen Bereich des Wald-teiles.

Daß Hamburg trotz der hundert Kilometer, die die Stadt von der offenen See trennt, stets und hauptsächlich Hafenstadt war und sich im 19. Jahrhundert zum deutschen „Tor zur Welt" entwickel-te, spiegelt sich auf dem Friedhof nicht nur in den vielen Grab-stätten von Reedern, Werftbesitzern und Kapitänen wider, son-dern auch in den fremdländischen Namen von Familienange-hörigen und in den klingenden Städtenamen ferner Länder, die als Geburtsorte auf manch einem Grabstein zu lesen sind. Aber ebenso weist die ungeheure Beliebtheit des Schiffsmotivs auf Grabmalen darauf hin. Denn in Ohlsdorf findet man sie alle wieder: mittelalterliche Koggen, Drei- und Viermaster, Dampf-schiffe, Kreuzfahrtschiffe und Luxusliner ebenso wie Schlepper, Lastkähne und Segelyachten. Die ganze bunte Vielfalt des Hafens hat Eingang in die Grabmalgestaltung gefunden. Schiffe werden dabei zum Teil als Symbole verwendet. Sie können Zeichen für die Lebensfahrt und ihr Ende sein, wenn sie zum Beispiel unter vollem Wind auf stürmischer See segeln oder abgetakelt an ihrem letzten Ankerplatz liegen. Manchmal handelt es sich dagegen um echte Schiffsporträts, die an Fahrenszeit oder den eigenen Besitz erin-nern.

Vom Verwaltungsgebäude aus geht man entlang der Cordesallee bis zu der Treppenanlage mit Brunnen auf der linken Seite. Auf der oberen Terrasse wendet man sich nach rechts und geht ein kurzes Stück im Bogen. Rechterhand liegt etwas versteckt die Grabstätte für Albert Ballin (1857–1918) <Q 10>. Sein Grab ist mit   *1* **Ballin**

einem großen Findling ausgeschmückt, der in schlichten Buchstaben seinen Namen trägt. Mit diesem Symbol wird die Erinnerung an die stolzen germanischen Recken der Vorzeit und ihre Hünengräber geweckt. Ein Felsbrocken dieser Größe – meist wurden solche Findlinge aus skandinavischen Ländern herantransportiert – war ein ebenso kostspieliges Grabmal wie viele Plastiken.

Allen Hamburgern, die in der ersten Hälfte unseres Jahrhunderts zur Schule gegangen sind, war Ballin als Generaldirektor der größten Reederei der Welt bekannt. Erst 17jährig mußte er die väterliche Auswandereragentur übernehmen und organisierte Unterbringung und Überfahrt für jene armen Teufel, die in Amerika ihr großes Glück suchen wollten und zuhauf eine Heimat verließen, die sie nicht mehr ernähren konnte. Durch Organisationsfähigkeit und geschickte Verhandlungen machte er sich schnell einen Namen und wurde 1886 zum Leiter der Passageabteilung der Hamburg-Amerikanischen Paketfahrt-Actien-Gesellschaft (HAPAG). Dreizehn Jahre später hatte er sich zum Generaldirektor hochgearbeitet. Unter seiner Führung entwickelte sich die Reederei zu ungeahnter Blüte, bis der Erste Weltkrieg Ballins Lebenswerk zerstörte. Als er kurz nach Kriegsende starb, munkelte man wegen der großen Verluste für die HAPAG von Selbstmord, doch gibt es dafür keine Beweise. Man bleibt auf dem Weg und biegt an seinem Ende nach links zur Kapelle 1 ab, an der man

auf der Kapellenstraße vorbeigeht. Danach biegt man in den nächsten Weg – er verläuft im Halbrund – nach rechts ein. Er führt zu dem Denkmal für die 1914–1918 in amerikanischer Gefangenschaft verstorbenen Schiffsoffiziere der deutschen Handelsmarine <V 7>: Eine große trauernde Frau – von dem Künstler Arthur Bock „Mutter Erde" benannt – sitzt am Boden und beugt sich über den Kopf ihres toten Sohnes, den sie in ihren Schoß gebettet hat. Vor der blockhaften Figurengruppe sind die Worte zu lesen: „Glücklicher, der du die Sonne noch siehst/o grüß uns die Heimat/die wir getreu bis zum Tod/mehr als das Leben geliebt." Das Denkmal erinnert an die Schiffsbesatzungen der Handelsmarine, die im Ersten Weltkrieg von den Alliierten gefangengenommen und interniert wurden. Viele erkrankten und starben in den Lagern. In dem amerikanischen Fort Orglethorp in Georgia sammelten die Gefangenen Geld für ihre Toten. Zurückgekehrt sorgten sie in Hamburg für ein gemeinsames Ehrenmal, das am 17. Oktober 1920 feierlich enthüllt wurde.

Kurz danach biegt man nach rechts in die Nebenallee ein, die in der anderen Richtung zu dem Mahnmal für die Opfer der Terrorherrschaft der Nationalsozialisten (s. S. 38) und dem dahinter liegenden Krematorium von Fritz Schumacher führt. Gleich auf der linken Seite führt ein kleiner Zugangsweg zu der versteckten großen Anlage der Familien Hanssen, Laeisz, Canel und Meerwein <V 7/V 8/U 7/U8>. Sie sind durch verwandtschaftliche Beziehungen untereinander verbunden. Die leicht ansteigende Fläche wurde 1881 als erste „landschaftliche" Grabanlage in Ohlsdorf eingerichtet und bildete den Auftakt für die vielen Familiengrabstätten im Waldteil. Das Gelände ist an den beiden Breitseiten mit großen Grabmalwänden eingefaßt. Dem Zugang gegenüber ragt der zum Himmel aufsteigende Bronzeengel der Familie

Denkmal der
2 Schiffsoffiziere

KZ-Opfer-
Mahnmal

Hanssen,
Laeisz,
Canel und
3 Meerwein

Laeisz auf. Er wurde nach dem Tode von Ferdinand Laeisz (1801–1887) aus Berlin importiert. Letzterer kam nach Lehre und Wanderschaft 1824 nach Hamburg zurück und fand keine Arbeit. So begann er Hüte anzufertigen und war damit bald so erfolgreich, daß sich im Laufe der Zeit ein großes Im- und Exportgeschäft entwickelte. 1847 wurde er zum Mitbegründer der HAPAG, später auch der Hamburg-Süd. Zusammen mit seinem einzigen Sohn Carl Heinrich (1828–1901), der 1852 in das väterliche Geschäft eintrat, erwarb er 1857 sein erstes eigenes Schiff. „Korl", der nur Plattdeutsch sprach, wurde zu einem Hamburger Unikum. Er war allem Neuem gegenüber aufgeschlossen und führte die väterliche Firma bald zu immer größeren Erfolgen. Seine „Flying P-Liner" – das erste Schiff wurde nach dem Kosenamen für seine Frau „Pudel" genannt, und alle weiteren Schiffsnamen begannen seitdem mit einem „P" – fuhren ab 1878 regelmäßig nach Chile, um Salpeter einzuführen, der damals als Kunstdünger in Europa sehr gefragt war. Sein Sohn Carl Ferdinand (1853–1900) trat 1879 in die Firma ein. War der Vater als Fachmann im Bereich der See-Versicherungen gesucht, so machte sich der Sohn durch die Begründung der Seeberufsgenossenschaft und durch die Ausarbeitung der ersten Unfallverhütungsvorschriften für Seeleute und Hafenarbeiter verdient. Die Grabmale links und rechts wurden von dem Architekten Bernhard Hanssen entworfen, der sein Büro zusammen mit Wilhelm Emil Meerwein betrieb, dessen Familiengrab gleich am Eingang liegt. Zur künstlerischen Ausschmückung wurden Plastiken bei zwei bekannten Hamburger Bildhauern bestellt, die beide ebenso wie die beiden Architekten an dem Renommierobjekt der Stadt, dem Rathausbau, mitwirkten. Die vier Putten an den Seiten der Grabmalarchitekturen schuf Aloys Denoth. Sie bezeichnen jeweils eine eigene Familiengrabstätte. Auf der linken Seite weisen

Grabmal Laeisz von Otto Geyer, 1886

sie durch einen Anker bzw. Schiffsrumpf auf die Reederei und den Schiffbaubetrieb der Familie Canel hin. Der Reeder Friedrich Heinrich Ramon Canel (1817–1891) und seine Ehefrau Fanny geb. Knöhr (1821–1901) sind auf dem Doppelporträt in der Mitte der Grabmalwand abgebildet, das von Bruno Kruse stammt. Auf der anderen Seite stützt sich eine Putte auf ein großes Kontorbuch, auf dem ein Fassadenriß des „Hanssenschen Kaffeespeichers" von 1892 liegt. Der Merkurstab am Boden weist zusätzlich auf das Handelshaus hin. Die andere Putte hält einen großen Entwurfsplan, auf dem die Grabanlage zu erkennen ist. Das Kapitell am Boden und der Zeichenwinkel sind weitere Symbole der Baukunst. Stets sind zu diesen Attributen andere hinzugefügt, die die Verbindung zum Friedhof herstellen. Die zu Boden gehaltene Fackel weist auf das Verlöschen des Lebens hin, der Schmetterling auf die Metamorphose der Seele, Mohnblüten auf den Tod als Schlaf, die Kornähre auf den Schnitter Tod und die Sanduhr auf das Vergehen der Zeit. Der große Engel mit dem nackten Kind, der vor der Grabwand der Familie Hanssen sitzt, stammt ebenfalls von Bruno Kruse.

Müller 4 Auf der Nebenallee geht man weiter (nach Osten) bis zur zweiten Wegkreuzung, wo man nach links einbiegt. Hier kommt man an dem 1939 entstandenen Grabmal der Familie Müller vorbei <X 9, auf der linken Seite>, das durch seine muskulöse Männergestalt im heroischen Stil der 30er Jahre auffällt. Der Reeder steht neben einem großen Schiffsbug mit aufgezogener Reedereiflagge. Nach der Wegbiegung betritt man den Plattenweg auf der linken Seite, geht beim nächsten Weg ein kurzes Stück nach links und biegt gleich wieder

nach rechts auf den Plattenweg ein. Man durchquert ein Grabfeld der 60er Jahre mit gleichartigen Steinen und sieht kurz vor der Norder-Straße auf der rechten Seite das monumentale Grabmal der Familie Reinhold und Günther (1898) liegen <AA 9>, bekrönt von einem großen sitzenden Engel, der zum Himmel weist. Interessant sind hier die beiden Reliefs an den Seitenwänden: Links sitzt eine Frau mit Stadtkrone – Hammonia – vor einem Blick auf die St.-Petri-Kirche. Rechts lagert Merkur auf einer Kaimauer. Neben ihm liegen Warenballen und ein Faß, im Hintergrund ist ein Segelschiff zu sehen.

Über die Norderstraße geht man auf dem Westring ein kurzes Stück weiter und biegt (noch vor dem „Anonymen Urnenhain") in den asphaltierten Weg nach rechts ein. Bald sieht man links auf einem Hügel das große Riedemannsche Mausoleum <AD 11> liegen, das 1905 von den Rathausbaumeistern Haller und Geißler erbaut wurde. Es lohnt sich, auch wenn es keinen Weg gibt, einmal über den Rasen hinaufzusteigen und das Marienmosaik über dem Rundbogenportal zu betrachten. Früher führte eine prächtige, doppelläufige Treppe zu diesem feierlichen Grabgebäude empor, dessen Stil an die romanischen Kirchen Ravennas erinnert.

5 Reinhold und Günther

Der Erbauer Wilhelm Anton Riedemann (1832–1920) schlug sich, nachdem seine Familie verarmt war, als Vertreter durch und zog 1863 nach Geestemünde, wo er ein Speditionsgeschäft gründete und den Petroleumhandel ausbaute. Seit man das amerikanische Öl zu Brennstoff raffinieren konnte, wurde Petroleum immer mehr in Deutschland gebraucht. Man transportierte es, wie alle anderen Flüssigkeiten, in Fässern und mußte dabei durch Leckagen bis zu 30 Prozent Verlust in Kauf nehmen. Riedemann nun

6 Riedemann

wagte es, zum ersten Mal die Trinkwassertanks eines Seglers mit Petroleum zu befüllen. Viele erwarteten, daß das Schiff auf seiner großen Fahrt über den Atlantik in Flammen aufgehen werde. Doch es kam heil und ohne Verluste an. Riedemann ließ sofort seinen ersten Öltanker bauen, der 1886 vom Stapel lief. Vier Jahre später begründete er mit einem Kompagnon die Deutsch-Amerikanische Petroleum-Gesellschaft, die heutige ESSO, und leitete deren Geschäfte bis 1904.

Schon 1891 war er nach Hamburg umgezogen, wo er in dem Haus Alsterufer 27 residierte, das heute Teil des Generalkonsulats der USA ist. Von seinem immensen Reichtum machte er zahlreiche Stiftungen, darunter auch die katholische Sophienkirche in Barmbek. Das Mausoleum in Ohlsdorf wurde nach dem frühen Tod seiner einzigen Tochter erbaut.

Nach diesem Abstecher bleibt man auf dem asphaltierten Weg (an der Weggabelung in Höhe des Mausoleums nach rechts). An seinem Ende kurz vor dem Abzweiger, der nach links um den Nordteich herumführt, liegt auf der linken Seite das Grab des **Graf Luckner 7** berühmten „Seeteufels" Felix Graf Luckner (1881–1966) <AB 13>, das mit einer schlichten Liegeplatte bezeichnet ist. Wegen Schulschwierigkeiten war er mit 13 Jahren aus seinem reichen

Elternhaus in Dresden davongelaufen und hatte sich in Hamburg als Schiffsjunge verdingt. Er führte ein abenteuerliches Leben, bis sich schließlich sein Traum erfüllte: Er wurde zum Kapitänleutnant der Kaiserlichen Marine. Bei genauerer Betrachtung erkennt man auf der Grabplatte den

„Seeadler", das Segelschiff, mit dem Luckner im Ersten Weltkrieg berühmt und gefürchtet wurde. Nach dem Krieg zog er auf Vortragsreisen durch die Welt. Besonders gern bewies er seine „Bärenkräfte": Noch in hohem Alter zerriß er Telefonbücher und verbog mit den Fingern Münzen.

Umrundet man jetzt den Nordteich und überquert an seinem Ende die kleine Brükke auf der rechten Seite, so liegt gleich dahinter rechterhand ein steinerner Löwe. Die Bronzeplatte vor ihm zeigt das Porträt des Wasserbaudirektors Johannes Dalmann (1823–1875) <A 15>. Sie war ehemals in einen großen, felsartig behauenen Sandsteinblock eingefügt. Dalmann wollte eigentlich Seemann werden, wurde aber von seinem Vater zu einer Zimmererlehre gezwungen und studierte später an der Bauakademie in Berlin. 1845 erhielt er seine erste Anstellung im hamburgischen Wasserbauwesen und wurde mit 33 Jahren zum kommissarischen Nachfolger des Wasserbaudirektors ernannt. Er setzte es durch, daß in der Folgezeit Hamburg zu einem der modernsten Häfen der Welt wurde, weil er sich für offene Tidehäfen anstelle der nach englischem Vorbild geplanten Dockhäfen stark machte. Erstere ermöglichten die unbeschränkte Zufahrt in die Hafenanlagen und den direkten Güterumschlag von den Seeschiffen zum Kai. Damit war der Hamburger Hafen den neuen Anforderungen gewachsen, die der steigende Welthandel mit der explosionsartigen Zunahme von Segel- und den damals neuen Dampfschiffen stellte.

8 **Dalmann**

Der Weg führt zur Waldstraße, in die man nach links weitergeht. In Höhe der Kapelle 2 biegt man nach rechts ein, um von ihr aus der linken Abfahrt zur Kapellenstraße zu folgen. Vor dem Kreisverkehr mit der Waldstraße steht auf der linken Seite ein großer Findling mit dem überdimensionalen Porträtrelief von Ober-

Meyer *9* ingenieur Franz Andreas Meyer (1837–1901 <U 22>, dessen Wirken in Hamburg besonders in der Gestaltung der in den 1880er Jahren erbauten Speicherstadt sichtbar ist. Meyer war seit 1868 im Ingenieurwesen der Baudeputation tätig und wurde vier Jahre später zum Oberingenieur berufen. Damit war er für das gesamte öffentliche Bauwesen im technischen Bereich zuständig. Auch die Planungen für den Ohlsdorfer Friedhof standen anfangs unter seine Leitung.

Vor dem Kreisverkehr biegt man zu einem Abstecher nach rechts in den Fußweg ein, der die Waldstraße begleitet. Gleich neben dem Mausoleum Stupakoff betritt man rechts das Grabfeld, wo **Voss** *10* etwas versteckt die Grabstätte von Ernst Christian Voss (1842–1920) <T 23> liegt. In einer Ädikula zwischen halbrunden Seitenwänden steht eine jugendliche Trauernde mit einem Kranz. Der Mitbegründer der Großwerft Blohm & Voss wuchs als Sohn eines Hufschmieds auf und machte eine Lehre als Maschinenbauer. Danach ging er für längere Zeit nach England und in die Niederlande, wo er als Schiffbauingenieur arbeitete, bis er 1872 nach Hamburg kam. Nachdem er den Schiffbauer Hermann Blohm kennengelernt hatte, begründeten sie zusammen die neue Werft auf Steinwerder, die 1878 ihren Betrieb aufnahm. Damals vergaben die Hamburger Reeder ihre Schiffsbauaufträge vorwiegend nach England, das im Ingenieurwesen seit langem eine Vorreiterrolle spielte. Anfangs war man bei Blohm & Voss nur mit kleinen Schiffsbauten auf eigene Rechnung und Reparaturen beschäftigt. Erst ab 1881 kamen Neubauaufträge, und es ging in Riesenschritten bergauf.

Man folgt dem Fußweg weiter bis zur nächsten Wegkreuzung, wo man nach links abbiegt und die Waldstraße überquert. Nach wenigen Schritten liegen links am Weg die Grabstätten der Familie Woermann <Q 24>, die an einem großen Findlingsblock mit dem Porträt von Carl Woermann (1813–1880) zu erkennen sind. Letzterer war Sohn eines Bielefelder Leinenfabrikanten und gründete 1837 in Hamburg eine Filiale des väterlichen Unternehmens, über die er bald mit Produkten aus Afrika zu handeln begann. In Liberia richtete er eine erste Niederlassung ein und baute in der Folge eine eigene Handelsflotte auf, die

11 Woermann

nach Westafrika, Indien und Australien fuhr. In der durch den Krimkrieg 1857 ausgelösten Weltwirtschaftskrise kam es zu schweren Verlusten, so daß er sich danach auf die Afrikafahrt beschränken mußte. Auf dem Erfolg des Vaters baute sein Sohn Adolph Woermann (1847–1911) auf. 1874 wurde er zum Teilhaber in der väterlichen Firma, 1880 Alleininhaber. Ein Geniestreich gelang ihm vier Jahre später, als er Kamerun als sog. Schutzgebiet, wie die Kolonien damals genannt wurden, für das Deutsche Reich erwarb. Ein Jahr darauf trennte er Reederei und Handelsgeschäft und gründete die „Africanische-Dampfschiffahrts-Actiengesellschaft", die sog. Woermann-Linie. Als Reichstagsabgeordneter – von 1884–1890 – machte er keinen Hehl daraus, daß er „die Fruchtbarkeit des Bodens und die Arbeitskraft vieler Millionen Neger" als Schätze Afrikas ansah, die es auszubeuten galt. Deshalb

lehnte er auch eine Beschränkung der Waffen- und der Alkohol-
einfuhr nach Afrika ab. 1890 wurde er Aufsichtsratsvorsitzender
der neuen „Deutschen Ost-Afrika-Linie", die vom Reich subven-
tioniert wurde. Das Transportmonopol dieser Linie nach
Deutsch-Südwestafrika, wirkte sich für Woermann verhängnis-
voll aus, als 1904 der Herero-Aufstand ausbrach. Denn die Verpflichtung, deutsche Truppen dorthin zu bringen, wurde für ihn
zum Verlustgeschäft. Er war gezwungen, Schiffe und Frachtraten
an die HAPAG unter Ballin abzutreten.

Zurückgekehrt zum Ausgangspunkt setzt man den Weg auf der
Kapellenstraße fort und biegt hinter dem Kreisverkehr in den
ersten Weg nach links ab, um zu der Grabstätte des Werftbesitzers,
Wencke 12 Kaufmanns und Reeders Friedrich Wencke (1842–1905) <U 26/V
26> zu gelangen, die von einer imposanten Grabmalwand aus
rotem Mainsandstein abgeschlossen wird. Sein Vater, der Schiff-
baumeister Bernhard Wencke, kam 1851 nach Hamburg und ließ
auf der Westseite der Reiherstiegmündung das erste Trockendock
Hamburgs anlegen. Es war zwar nicht ganz wasserdicht, deshalb
der Spitzname „Quellental", aber das Eindocken war für Holz-
schiffe billiger und schonender als das bis dahin gebräuchliche
Aufslippen. Das „Quellental" wurde nicht nur für Reparaturen,
sondern auch als Baudock genutzt. 1866 wurde Wencke zum
Mitbegründer der Bugsir-Dampfschiffs-Gesellschaft. Die Firma
Bernhard Wencke und Söhne baute um die Jahrhundertwende
Dampf-Barkassen, Hafenschlepper und andere Schiffe bis zu der
Größe von Fischdampfern. Seine Söhne waren auch als Reeder
und Kaufleute tätig. Friedrich Wencke stiftete damals die Chri-
stusfigur auf dem Althamburgischen Gedächtnisfriedhof. Ebenso
wie diese Figur wurde auch das Grabmal der Familie von Xaver
Arnold geschaffen, wobei der Friedhofsdirektor Cordes bei der
Gestaltung mitwirkte. Das große Bronzerelief ist in drei Ebenen
geteilt – vom Himmlischen zum Irdischen. Oben sieht man ein von
Engeln gehaltenes Christusbild. Darunter folgen zwei Bilder, in
denen die christliche Heilsgeschichte mit dem Familienleben der
Wenckes verknüpft wird: Eine Tanne trennt die Anbetung des

Kindes von einer weihnachtlichen Marktszene vor dem Wohnhaus der Familie. In dem schmalen Bildfeld darunter erscheint sozusagen der heimische Wirkungskreis: Die Elbe von der „Alten Liebe" in Cuxhaven bis zur Seewarte und dem Fährhaus in Hamburg bildet, geteilt von einem Leuchtturm, den Hintergrund für ein ausfahrendes und ein abgetakeltes Segelschiff. Bienenkorb – gleichzeitig Symbol für Fleiß und Zeichen der Patriotischen Gesellschaft in Hamburg – und Wahlspruch schließen das Bild ab: „Hab Gott vor Augen alle Zeit. Halte treulich Wort und Eid. Thu beim Werk die Hände regen. So fehlt Dir auch nicht Gottes Segen."

Zurück auf der Kapellenstraße liegt schräg gegenüber der Eingang zum Ämtersteinmuseum (s. S. 147), in dem mehrere historische Grabmale mit Motiven von Hafen und Schiffahrt stehen. Man bleibt auf der Straße und biegt nach dem Museum in den zweiten Weg nach rechts ein. Bei der nächsten Wegkreuzung geht man ein Stück nach links und sieht dort schon die große Christusfigur der Grabstätte der Opfer der Primuskatastrophe vom 21. Juli 1902 <U 30/U 31>, in der 78 von insgesamt 101 Ertrunkenen beigesetzt wurden, die bei dem Jahresausflug der Arbeiterliedertafel „Treue" aus Eilbek in der Elbe den Tod fanden. Der Vergnügungsdampfer „Primus" war – völlig überladen – nach Cranz gefahren. Um Mitternacht steuerte der Kapitän bei der Überquerung der Elbe auf die falsche Seite zu, wurde von dem Schlepper „Hansa" gerammt und ging in kurzer Zeit unter. Nach dem Unfall bildete sich ein „Hilfsausschuß", der unter anderem die Grabstätte in Ohlsdorf erwarb und ausschmückte. Auch hier wirkte Cordes mit. Die Bronzeplatten mit den Namen der Verunglückten zeigen im Wechsel kleine Bildmotive, unter denen auch die beiden Schiffe kurz vor der Kollision erscheinen.

Von hier aus erreicht man den Ausgang Kornweg, wenn man nach links zum Kreisverkehr weitergeht und dort rechts in die Krieger-Ehren-Allee einbiegt. Von ihr schlägt man den nächsten Weg nach links ein. An seinem Ende biegt man kurz nach rechts und gleich wieder nach links, wo kurz darauf das Pförtnerhäuschen zu sehen ist.

13 Ämterstein-museum

14 Primus-katastrophe

9. „Theaterstadt Hamburg"

Grabstätten von Persönlichkeiten des kulturellen Lebens

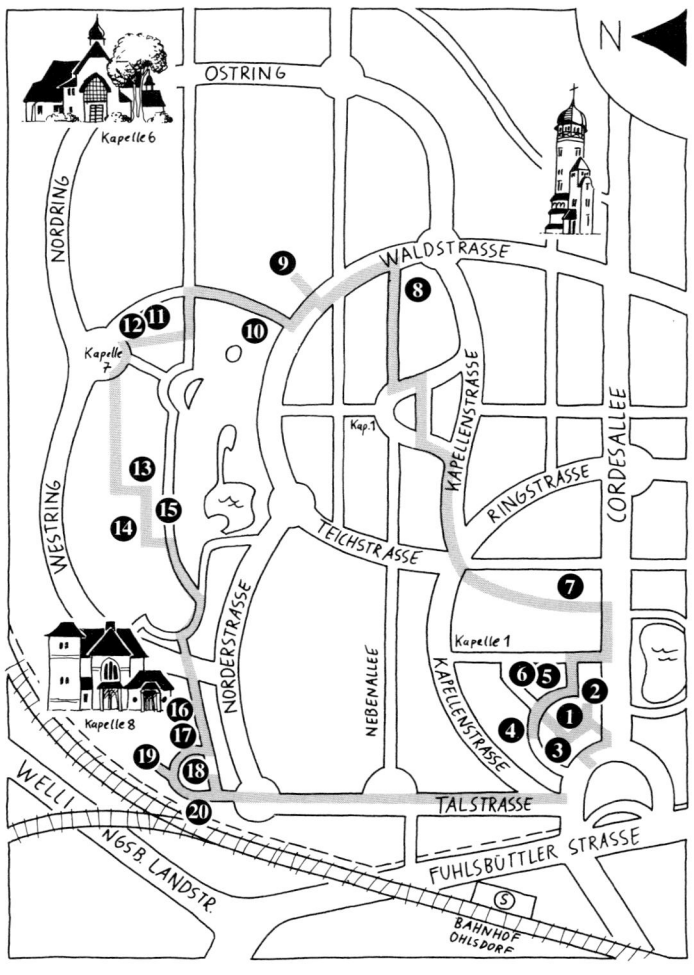

Dauer: ca. 1 3/4 Stunden
Ausgangspunkt und Ziel: Verwaltungsgebäude
Nach dem Besuch von Grabstätten auf dem Althamburgischen Gedächtnisfriedhof und in seinem Umkreis erreicht man die Kapelle 2, wobei man den von der Cordesallee abzweigenden alten Knickweg durchwandert. Bei der Kapelle betritt man die Nebenallee, an der sich im Waldteil zahlreiche große und reich ausgeschmückte Familiengrabstätten befinden. Der Weg führt quer durch den Waldteil zur Kapelle 7. Auf dem Rückweg erreicht man den Millionenhügel und den Anonymen Urnenhain, bis man im Nordwesten des Friedhofes zur Dichterecke kommt. Von dort führt die Talstraße zum Haupteingang zurück.

Hamburg ist nicht erst seit neuester Zeit als „Theaterstadt" in der Kulturszene bekannt. Das besondere Engagement der Hansestadt für „die Bretter, die die Welt bedeuten", hat eine lange Geschichte, die bis zur Eröffnung des ersten städtischen Opernhauses in Deutschland im Jahre 1678 zurückreicht. Aber nicht nur Oper und Schauspiel, auch die leichte Muse hatte besonders um die Wende zum 20. Jahrhundert in den berühmten Unterhaltungsetablissements besonders von St. Pauli reichlich Platz.

Natürlich spiegelt sich auch das Kulturleben der Hansestadt in Ohlsdorf wieder. Schauspieler, Regisseure, Theatergründer und -besitzer, Intendanten, Tänzer und Sänger, Komponisten und Dichter, aber auch solche ungewöhnlichen Persönlichkeiten wie der Tierparkgründer und Zirkusbesitzer Carl Hagenbeck sind hier bestattet. Meist sind es Männer, an die die Grabstätten erinnern. Manche wären ohne die tatkräftige Unterstützung ihrer Lebensgefährtinnen nicht so berühmt geworden. Aber auch Frauen fanden im 19. Jahrhundert im Theater einen der wenigen Orte, wo sie öffentlichen Beifall für ihre Fähigkeiten erwerben konnten. Der Erinnerung an glanzvolle Lebensgeschichten, aber auch an Lebensläufe voller Dürftigkeit und Armut, deren innerer Reichtum erst nach dem Tode bekannt wurde, ist dieser Rundgang gewidmet. Auswahlkriterien konnte nicht nur die Berühmtheit der

Verstorbenen sein. Wer kann diese imaginäre Größe schon richtig messen? Die Lage der Grabstätten und die Gestaltung der Grabmale haben den Weg mitbestimmt. So mußte hier – leider – manch einer und manch eine, deren Wirken ebenfalls interessant ist, unberücksichtigt gelassen werden. Der Rundgang beginnt auf dem Althamburgischen Gedächtnisfriedhof, wo am südlichen Rand – durch einen eigenen

Gründgens

Ehre *1*

kleinen Treppenlauf rechts von der Hauptzugangstreppe erreichbar – zwei schlichte Grabplatten für Gustaf Gründgens und Ida Ehre liegen. Der Schauspieler und Regisseur Gustaf Gründgens (1899–1963) sammelte in einem Fronttheater des Ersten Weltkriegs erste Bühnenerfahrung. 1923 kam er nach Hamburg und trat in Erich Ziegels Kammerspielen auf, die in den 20er Jahren als avantgardistisches Theater berühmt waren. Danach ging er an das Deutsche Theater in Berlin zu Max Reinhardt. Unter den Nationalsozialisten war er von 1934 bis zum Kriegsende Generalintendant des Preußischen Staatstheaters in Berlin; eine Karriere, die ihm später zwar Vorwürfe eingebracht hat, seine weiteren Erfolge aber nicht schmälern konnte. Nach Kriegsende wurde er Intendant in Düsseldorf und erhielt zehn Jahre später einen Ruf nach Hamburg, wo das Deutsche Schauspielhaus unter seiner Leitung zu Weltruf kam. Als Vollendung seiner Kunst gilt noch heute die legendäre Faustinszenierung. Gründgens starb auf einer Erholungsreise in Manila unter nicht ganz geklärten Umständen.

Neben seinem Grab ruht die Schauspielerin und Intendantin Ida Ehre (1900–1989). Unter den Nationalsozialisten verfolgt und verhaftet, eröffnete sie gleich nach dem Krieg die neuen Hamburger Kammerspiele, die in den Räumen des ehemaligen „Jüdischen Kulturbundes" an der Hartungstraße ihr Domizil fanden. 1947, in einer Zeit als die Menschen noch in Trümmern wohnten und um ihr tägliches Brot kämpfen mußten, spielte sie als erste das Nachkriegsdrama „Draußen vor der Tür" des jungen Dichters Wolfgang Borchert (s. S. 130). Auch andere Stücke, die sich mit dem Schrecken von Krieg und Faschismus auseinandersetzten, nahm sie

in ihren Spielplan auf. Dabei setzte sie sich stets für eine Versöhnung zwischen Juden und Deutschen ein. Ganz in der Nähe liegt das Grab der Theaterfotografin Rosemarie Clausen, geb. Kögel (1907–1990) <O 8>, die mit ihren ausdrucksstarken Bildern dem Schauspieler Gustaf Gründgens ebenso wie dem Dichter Wolfgang Borchert – dessen einzige Fotografien von ihr stammen – eigenständige Denkmale setzte. Um ihr Grabmal, eine schlichte Stele mit einer Halbkugel, zu finden, bleibt man auf der Höhe des Abhanges und geht ein kurzes Stück parallel zur Cordesallee, um in die zweite Nische mit Grabstätten nach links einzubiegen.

2 Clausen

Doch zurück zum Gedächtnisfriedhof und damit in eine frühere Zeit der hamburgischen Theatergeschichte: Auf der linken Seite des Mittelweges, der auf die Christusfigur zuführt, liegt direkt vor der Wegkreuzung die schlichte Steinplatte mit Theatermaske und Freimaurerzeichen – Winkel und Zirkel für den Schauspieler, Theaterdirektor und Dramatiker Friedrich Ludwig Schröder (1744–1816). Die Platte deckte einst seine Gruft auf dem St.-Jacobi-Friedhof in Wandsbek ab. Schon als Kind stand Schröder mit seiner Mutter Sophie Charlotte auf der Bühne. Mit der Truppe der Eltern – seine Mutter heiratete später den Schauspieler Konrad

3 Schröder

Ackermann – zog er durch Deutschland, bis man sich 1764 in Hamburg niederließ. Die Ackermanns erbauten das neue Stadttheater, das bis 1827 benutzt wurde. Erst Schröder konnte allerdings das Theater, das er zusammen mit seiner Mutter nach dem Tod des Stiefvaters 1771 übernahm, zu einer ständigen Einrichtung machen. Er öffnete die Bühne für die neuen Werke der jungen Generation des „Sturm und Drang" und war der erste, der Shakespeare in Deutschland aufführte. Das Freimaurerzeichen auf seiner Grabplatte erinnert daran, daß er 1774 in die Hamburger Loge eintrat und dort Reformen einführte, die teilweise noch heute gültig sind.

Auf der anderen Seite des Weges fällt der helle Steinpfeiler für den

Nhil 3

Schauspieler Robert Nhil (1858–1938) auf. Fünfunddreißig Jahre stand Nhil auf der Bühne des Deutschen Schauspielhauses, das er 1899 mitbegründet hatte. Drei Tafeln am Boden tragen die Namen von bekannten Mitgliedern der beiden großen Theater der Hansestadt: dem Stadttheater und dem 1843 gegründeten Thalia-Theater. Der Gründer des letzteren, Charles Maurice

Chérie Maurice 3

Schwartzenberger gen. Chérie Maurice (1805–1896), kam als Sohn eines jüdischen Likörfabrikanten in Frankreich zur Welt. 1826 zog seine Familie nach Hamburg, wo der Vater im folgenden Jahr das Tivoli, ein Gartenlokal in St. Georg, übernahm. Mit Rutschbahn, Mastbaumklettern, Sacklaufen, Akrobaten, Hahnenkämpfen und Karussells war der Lokalbesuch ein beliebtes Sommervergnügen der Hamburger. Der theaterbegeisterte Maurice eröffnete dort eine Sommerbühne. 1829 fand die erste Aufführung statt. Man spielte besonders plattdeutsche Stücke, die bald zahlreiche Besucher anlockten. Zwei Jahre später wurde Maurice Mitinhaber des Steinstraßen-Theaters, so daß von da ab auch im Winter eine feste Bühne vorhanden war. Am 9. November 1843 eröffnete sein neues „Thalia-Theater". Zum Schutz des Stadttheaters durfte er nur Lustspiele aufführen, Schauspiele und Opern blieben für ersteres reserviert. Außerdem setzte der Senat niedrige Eintrittspreise fest. Trotzdem schuf Maurice erstmals ein festes Ensemble mit Jahresverträgen für seine Schauspieler. 1849 übernahm er die Mitdirektion des Stadttheaters, die allerdings zum Fiasko wurde. 1855 eröffnete er das Thalia unter restringierten Bedingungen erneut und schaffte es trotzdem, das Publikum mit Lustspielen und Schwänken in Mengen in sein Haus zu locken.

Hinzuweisen ist in diesem Rahmen außerdem auf die Grabmale auf der linken Seite des Gedächtnisfriedhofes: An der Ecke steht eine schlichte Stele mit dem Porträt des berühmten Malers der Romantik Philipp Otto Runge (1777–1810), die allerdings erst in neuerer Zeit über seinen Gebeinen errichtet worden ist. Am Weg liegen zwei große Steinplatten auf den Gräbern der beiden Baudirektoren von Hamburg und Altona, Fritz Schumacher (1896–1947) und Gustav Oelsner (1879–1956), die die Grabstätte des ersten Direktors der Hamburger Kunsthalle Alfred Lichtwark (1852–1914) einrahmen. Der hohe Muschelkalkpfeiler

auf diesem Grab wurde übrigens von Fritz Schumacher entworfen, der nicht nur die Stadtgestaltung Hamburgs in den 20er Jahren maßgeblich beeinflußt hat, sondern sich auch für die Friedhofsgestaltung engagierte. Von ihm stammen sowohl Entwürfe für die gartenarchitektonische Anlage, als auch die Pläne der Kapelle 13, des Neuen Krematoriums und für Grabmale.

Verläßt man jetzt den Gedächtnisfriedhof über die linke Seitentreppe und geht ein kurzes Stück den anschließenden Weg in das Grabfeld hinein, so sieht man auf der linken Seite eine schlichte

Runge
3 Oelsner

Schumacher
3 Lichtwark

Grabplatte für Fritz Schumacher, 1947

Grabmal für Alfred Lichtwark von Schumacher, 1914

Stele mit dem Bronzeporträt eines Herrn in Frack und Zylinder.

Köllisch 4 Heinrich „Hein" Köllisch (1857–1901) <Q 6>, ein Humorist und berühmter Hamburger Volkssänger, liegt hier begraben, der nie in dem zu seiner Zeit üblichen komischen Aufzug der Spaßmacher, sondern stets in der abgebildeten seriösen Kleidung auftrat. Bis er 1892 in St. Pauli mit selbstverfaßten „Couplets" groß herauskam, war er Schuhcremefabrikant gewesen. Zwei Jahre danach konnte er ein eigenes Lokal, das „Köllisch Universum" am Spielbuden-platz, eröffnen. Mit plattdeutschen Liedern besang er das ham-burgische Volksleben. Noch heute werden „De Reis' no Helgo-land" und viele andere Lieder vorgetragen, denn sie haben nichts von ihrer bodenständigen Komik verloren, wenn die Rede von „Hein Meier – Kuddel Dreier – de Fleegenweert Jan Witt/Denn noch een – so'n klookn' – Berliner nomens Schmidt" ist, die nach Helgoland fuhren, und dabei der elegante Berliner geschildert wird: „Antog hochmodern, dat Haar pomodisiert,/Op'n Kopp seet scheef em, no de neeste Mod/De nee'e opgebügelte Zylinder-hoot./So stolzier he mitt'nmang de Lüd an Bord,/Oberall grot-snutig, gliek dat eerste Word;/Seekrank werden, seggt he, is ja lächerlich!/Een richtigen Berliner, den passiert ja sowat nicht!" Daß der Berliner seekrank wird und am Ende nicht mehr ganz so elegant aus seiner Kabine kommt, versteht sich von selbst.

Umrundet man den Gedächtnisfriedhof und geht hinter der Christusfigur vorbei, so liegt auf der linken Seite die Grabstätte für **Ziegel** Erich Ziegel (1876–1950) und Mirjam Horwitz (1882–1967) <P **Horwitz 5** 7>, die 1918 die Hamburger Kammerspiele gründeten. Erich Ziegel kam aus München zum Thalia-Theater. Zusammen mit seiner Frau, der Schauspielerin Mirjam Horwitz, pachtete er das ehemalige Tivolitheater in St. Georg und eröffnete dort seine Kammerspiele mit Frank Wedekinds „Hidalla". Als nach dem Ersten Weltkrieg die alte wilhelminische Gesellschaft zusammen-brach, wollten sie „an der Formung des neuen Weltbildes tätigen Anteil nehmen" und spielten in den 20er Jahren zeitgenössische Autoren, darunter Bertolt Brecht, Ernst Barlach und Heinrich Mann. Schauspieler wie Gustaf Gründgens erhielten hier entscheidende Impulse ihrer Karriere. Als Ziegel von 1926 bis 1928 die Intendanz des Deutschen Schauspielhauses bekam, übernahm Mirjam Horwitz die künstlerische Leitung der Kammerspiele und führte auch Regie. Allerdings kam die Bühne oft in finanzielle Bedrängnis. 1932 schloß Ziegel, als er zum Direktor des Thalia wurde, die Kammerspiele diesem Theater an. Seine Frau erhielt als Jüdin von den Nationalsozialisten Auftrittsverbot und durfte nicht einmal das Theater ihres Mannes besuchen. Beide gingen nach Wien und versuchten von dort aus zu emigrieren. Nach dem Krieg trat Mirjam Horwitz 1950 in einem Gastspiel noch einmal mit ihrem Mann zusammen in Hamburg auf, zog sich jedoch nach seinem Tode von der Bühne zurück. Ziegel erhielt ein Ehrengrab des Hamburger Senats.

Geht man auf diesem Weg weiter, so liegt gleich um die Ecke das Grab des Operntenors Peter Anders (1908–1954) <P 7>, der zuerst **5 Anders** als Bücherrevisor arbeiten mußte, weil kein Geld für eine Gesangsausbildung da war. Durch seine Arbeit konnte er sich die ersehnten Gesangsstunden leisten und war ab 1948 an der Hamburger Staatsoper engagiert. Bekannt wurde er besonders durch seine Vorliebe für lustige Partien und Operettenmelodien. Nach dem großen Grabmal Wichmann (s. S. 62) sieht man auf der Ecke die flache Stele für einen weiteren einstmals bekannten Sänger der Hamburger Staatsoper, den Baß Max Lohfing (1870–1953) <P 8>. **5 Lohfing**

Geht man an ihr vorbei und biegt danach zuerst nach rechts und gleich wieder nach links ein, so steht man vor einem kleinen Grabfeld mit Einzelgrabstätten, das innerhalb eines Karrees aus großen Familiengräbern liegt. Ganz hinten befindet sich eine

Olden 6 Liegeplatte mit der Unterschrift von John Olden (1918–1965) <P 8>, der als Regisseur besonders durch seine Fernsehinszenierungen bekannt wurde, Der Ehemann der Schauspielerin Inge Meysel lebte in Wien als Schauspieler und emigrierte 1937 nach England. Als britischer Theateroffizier kehrte er nach Deutschland zurück, wo er nach dem Weltkrieg entscheidend am Wiederaufbau des Hamburger Bühnenlebens mitwirkte und über den Norddeutschen Rundfunk zum Oberspielleiter beim Fernsehen wurde. Dicht daneben steht die Stele für den farbigen Baßbariton

Winters 6 Lawrence Winters (1915–1965) <P 8>, dessen klangvolle Stimme noch mancher im Ohr haben mag.

Man setzt den Weg entlang der oberen Terrasse fort und geht rechts die Brunnentreppen hinab zur Cordesallee, wo man sich nach links wendet und dann in den zweiten Weg nach links einbiegt. Nach etwa 50 Metern liegt dort rechterhand unter hohen Buchen etwas vom Weg entfernt eine schlichte Steinplatte mit

Abraham 7 einem Notenschlüssel für den Operettenkomponisten Paul Abraham (1892–1960) <O 11>. 1929 kam er nach seinem Musikstudium nach Berlin, wo er im folgenden Jahr mit der Operette „Viktoria und ihr Husar" weltberühmt wurde. Verträge für Filmkompositionen und weitere Operetten folgten. Aufgrund seiner jüdischen Abstammung emigrierte er 1933 in die USA. Die Aufführung seiner Operetten wurde von den Nationalsozialisten verboten. In dem fremden Land mit seiner unbekannten Sprache fand sich Paul Abraham nicht zurecht. Er verarmte, wurde krank und mußte 1951 in eine

Nervenheilanstalt eingewiesen werden. Freunde veranlaßten 1956 seine Rückkehr in die neue Bundesrepublik, wo er bis zu seinem Tod in der Psychiatrie in Hamburg blieb.

Von hier aus muß man eine etwas längere Strecke gehen, um die Grabstätte des berühmten Dirigenten Hans von Bülow (1830–1894) <V 22> zu erreichen. Man bleibt auf dem Weg, der als ehemaliger Knickweg von Cordes wegen des reichen Pflanzenwuchses in seiner ursprünglichen Form in die Anlage einbezogen wurde. Er führt an der Ehrengrabstätte der Feuerwehr vorbei zur Kapellenstraße. Dieser folgt man bis zur Kapelle 2 und setzt an ihr vorbei den Weg auf der Neben-Allee fort. Nach kurzer Zeit kommt man in den Waldteil, wo große Familiengräber den Wegrand säumen. Auf der rechten Seite steht das Grabmal von Bülows, das von dem seiner Zeit berühmtesten deutschen Bildhauer, Adolf von Hildebrandt (1847–1921), geschaffen wurde. Eine relativ schlichte, halbrunde Steinwand ist durch ein bogenförmiges Mittelstück überhöht, das im oberen Bereich das Bronzeporträt des Verstorbenen trägt. Darunter ist eine prunkvolle Urne eingestellt, die mit einem Genius und der Allegorie der Musik auf sein Wirken hinweist.

Von Bülow lernte als 19jähriger Richard Wagner kennen. Von Franz Liszt erhielt er Klavierunterricht. 1857 heiratete er Liszts Tochter Cosima, die sich später von ihm trennte und Richard Wagner heiratete. Mit der Interpretation von Beethovens Klavierkonzerten wurde er berühmt. Er lebte als Hofpianist in Berlin und Hofkapellmeister in München, wo er die Uraufführungen zweier Wagneropern dirigierte. 1886 kam er nach Hamburg, um das Orchester des Stadttheaters zu leiten. Die hamburgischen Musikfreunde vergötterten ihn, doch er selbst verzweifelte an dem Zuständen unter Theaterdirektor Pollini. Schon nach einem Dreivierteljahr warf er das Handtuch und schuf sich ein eigenes Orchester. Inzwischen hatte er sich von Wagner abgewandt und wurde zum Brahms-Interpreten. Man feierte ihn als Begründer einer neuen Zeit im Hamburger Musikleben. Als er auf einer Erholungsreise in Kairo starb, zelebrierte Pollini für ihn eine siebenstündige Trauerfeier in der großen St. Michaeliskirche. Von hier führt der Weg weiter zur Wald-Straße, in die man nach links einbiegt. Beim zweiten Weg auf der rechten Seite steht ein **Albers 9** Hinweisschild zu dem Grab von Hans Albers (1891–1960) <Y 23>. Man findet das Grab, wenn man den Weg betritt und gleich in den nächsten Querweg nach links einbiegt. Auf der durch eine felsartig behauene Ädikula gekennzeichneten Familiengrabstätte erinnert nur ein kleiner Kissenstein an ihn. Heimlich nahm der Sohn eines Schlachtermeister aus der Langen Reihe in St. Georg Schauspielunterricht und hatte gegen den Willen der Eltern 1910 seinen ersten Auftritt in Frankfurt a. M., von wo aus er anschließend durch Deutschland tingelte. Nach dem Ersten Weltkrieg spielte er den Ganoven in Stummfilmen. Seine steile Karriere begann 1928, als er von Max Reinhardt am Deutschen Theater engagiert wurde und in den ersten Tonfilmen als Draufgänger zu einem eigenen Typus wurde. In dieser Zeit lernte er die Schauspielerin Hansi Burg kennen, eine Jüdin. Natürlich forderten die Nationalsozialisten, daß er sich von ihr trennte. Sie emigrierte nach England. Albers, der aus seinem Haß auf die damaligen Machthaber keinen Hehl machte, wurde von der Gestapo verhört. Doch war er zu berühmt, als daß man ihn länger hätte festhalten können. Hansi Burg kam nach 1945 als Militärjournalistin nach Deutschland zurück, wo sie mit Albers zusammen in einer Villa am Starnberger See lebte. Gleich nach dem Krieg feierte Albers neue Theater- und Filmerfolge. Als er 1960 starb, hatte er in mehr als hundert Filmen mitgewirkt. Über 10 000 Menschen kamen zu seiner Beisetzung. Seine Filme, wie die „Große Freiheit Nr. 7“, „Münchhausen“, „Das Herz von St. Pauli“ und ihre Schlager werden noch heute gespielt: Der „Blonde Hans“ ist unvergessen.

Man kehrt von hier zur Waldstraße zurück, in die man nach rechts einbiegt. Gleich beim zweiten Weg auf der rechten Seite steht kurz nach der Ecke links eine unscheinbare Stele, die das Grab des **Kerr 10** Theaterkritikers Alfred Kerr 1867–1948) <Z 21, 217> bezeichnet. Zwischen 1900 und 1933 galt er als nahezu unbeschränkter Beherrscher der Theaterkritik in Berlin. Gefürchtet waren seine

geistvollen und häufig bissigen Texte. In seinen Schriften zur Schauspielkunst setzte er sich für das moderne, naturalistische Drama ein und bahnte damit Gerhart Hauptmann und Henrik Ibsen den Weg auf deutsche Bühnen. 1933 emigrierte er in die USA. Als Achtzigjähriger kehrte er in die Heimat zurück, wo er noch auf dem Weg nach Berlin in Hamburg starb.

Geht man auf diesem Weg weiter, so kommt man an dem kleinen Ohlendorff'schen Mausoleum (s. S. 83) vorbei. An der folgenden Kreuzung biegt man nach links ab. Auf diesem Weg geht man bis zum nächsten Plattenweg, der nach rechts führt (an dem Grabmal Dralle s. S. 83 vorbei), und biegt danach auf den Weg nach links ein. Dort liegt etwas versteckt das große Jugendstilgrabmal für den Dirigenten und Sänger Julius Stockhausen (1826– **11 Stockhausen** 1906) <AD 20>, der nach seinem Studium und ersten Erfolgen in Paris und Mannheim 1862 zum Dirigenten der Singakademie in Hamburg erwählt wurde. Johannes Brahms, der sich auch auf diesen Posten beworben hatte und dem er vorgezogen wurde, ärgerte sich damals so sehr, daß er nach Wien ging und nie mehr in seine Heimatstadt zurückkam. Stockhausen widmete sich ab 1867 nur noch dem Gesang. Seine Konzertreisen machten ihn in ganz Europa bekannt. Sein Sohn, der Schauspieler und Vortragskünstler Prof. Emmanuel Stockhausen (1865–1950) sorgte für seine Grabstätte in Hamburg, die mit einem aufwendigen Jugendstilgrabmal von dem Münchener Bildhauer Hermann Obrist ausgeschmückt wurde. Der übergroße Pfeiler mit den für den Künstler typischen felsartigen Formationen trägt das Porträt des Verstorbenen, ihm zur Seite sitzen die Allegorien seiner Kunst: Die als Nonne gekleidete Figur links vertritt den kirchlichen Gesang, die Gestalt in volkstümlicher Tracht rechts das weltliche Lied.

Faster 12
(alias Fetras)

Geht man von diesem Grabmal aus nach rechts um die Ecke weiter, so liegt auf der zweiten Grabstätte am Weg Otto Fetras, mit bürgerlichem Namen Faster (1854–1931) <AD 20> begraben, der als „Johann Strauß von der Uhlenhorst" zu lokalem Ruhm kam. Nach einer Kaufmannslehre studierte er neben dem Beruf Musik und komponierte bald seine ersten Walzer und Märsche. Ab 1884 dirigierte er das Orchester im Uhlenhorster Fährhaus. Bekannt wurde sein Walzer „Mondnacht auf der Alster". Er widmete ihn 1888 der Königin Elisabeth von Rumänien, die als Dichterin den Namen Carmen Sylva führte. Von hier aus geht man hinauf zur Kapelle 7 und biegt dort vor dem Gärtnereigebäude nach links in den Weg ein, der geradeaus zum „Millionenhügel" führt. Dort

Hagenbeck 13

liegt gleich links die Grabstätte der Familie Hagenbeck <AE 15>, vor deren von Efeu überwuchertem Findling der bronzene Löwe Triest, das Lieblingstier des Tierparkgründers Carl Hagenbeck (1844–1913), ein immerwährendes Lager bezogen hat. Die Figur wurde von Josef Franz Pallenberg geschaffen, dem gleichen Künstler, der auch die Tierplastiken zum Eingangstor des weltberühmten, 1907 eröffneten Stellinger Tierparks entwarf. Von seinem Vater hatte Carl Hagenbeck eine kleine Tierhandelsmenagerie auf St. Pauli übernommen, die er am Neuen Pferdemarkt ausbaute. Weltberühmt wurden seine „Völkerschauen": Als 1875 einige Lappländer einen Rentiertransport nach Hamburg beglei-

teten, brachten sie gleichzeitig ihre Gerätschaften für den täglichen Bedarf mit und campierten auf dem Hagenbeckschen Gelände. In einer Zeit ohne jene Medien, die uns heute lebende Bilder von Menschen aus den fernsten Ecken der Welt in das heimische Wohnzimmer bringen, erregten diese fremden Menschen ein ungeheures Aufsehen. Danach ließ Hagenbeck jedes Jahr Angehörige exotischer Volksgruppen engagieren. Aber auch als der Begründer der modernen „zahmen Dressur" wurde Carl Hagenbeck bekannt. 1887 gründete er sein eigenes Zirkusunternehmen, das er allerdings schon zwei Jahre später wieder verkaufte. Durch seine Dressurmethode ermittelte er die Sprungmaße der Raubtiere und entwarf gitterlose Freisichtanlagen, als „Panoramabauten" 1896 patentiert. Sie wurden zur Hauptattraktion seines neuen Tierparkgeländes.

Der Weg führt an dem Hagenbeckschen Grab vorbei und über die Treppen hinab zum unteren Rand der Terrassen, wo man nach rechts geht. Am Ende des Weges biegt man wiederum nach rechts ein und erreicht bald das Riedemannsche Mausoleum (s. S. 36). Dort liegt rechts am Wegrand die Grabplatte für die Schauspielerin Gisela von Collande (1915–1960) <AC 11> und gegenüber ein **14 von Collande** ähnliches Grabmal für ihren früh verstorbenen Kollegen, den Filmschauspieler Hanns Lothar (1929–1967) <AC 11>. Der Weg **15 Lothar** überquert den Westring und führt entlang des schmalen Bachlaufs weiter. Biegt man nach etwa 50 Metern nach rechts in das Grabfeld ein, so findet man die Grabstätte des Buchhändlers, Musikers und Dichters Gustav Falke (1853–1916) <AC 7>, der bis zu seinen **16 Falke** Bucherfolgen als Klavierlehrer in Groß-Borstel lebte. Neben Gedichtbänden und Romanen wurden sein „Katzenbuch" und „Vogelbuch" besonders bekannt, in denen er Gedichte zu Zeichnungen von Otto Speckter veröffentlichte.

Der Weg endet bei der sogenannten „Dichterecke", vor deren teichartiger Vertiefung man rechts einbiegt. Besonders niederdeutsche Schriftsteller und Bühnenmitglieder sind hier bestattet worden. An der Ecke steht die helle Stele für den Gründer des Ohnsorg-Theaters, Dr. Richard Ohnsorg (1876–1947) <AC 6>. **17 Ohnsorg**

Neben seinem Beruf als Bibliothekar verbrachte er seine freie Zeit beim Theater und gründete 1902 die „Gesellschaft für dramatische Kunst", aus der nach dem Ersten Weltkrieg die „Niederdeutsche Bühne" entstand. Sein Freund, der Finkenwerder Dichter Gorch Fock, gab die Anregung, auf Plattdeutsch zu spielen. Bald gastierte die Ohnsorg-Truppe in ganz Norddeutschland. 1935 ließ sich Ohnsorg pensionieren, um nur noch Theater zu machen. Im folgenden Jahr konnte er das ehemalige „Kleine Lustspielhaus" in den Großen Bleichen als feste Schauspielstätte beziehen.

Schräg gegenüber führen Stufen auf eine Anhöhe mit dem Back-**Stavenhagen 18** steingrabmal für Fritz Stavenhagen (1876–1906) <AC 5>. Unter breitem Schlapphut blickt er den Besucher von seinem Bronzeporträt ernst durch seine ovale Nickelbrille an. Seinen erlernten Beruf als Drogist gab der Sohn eines Kutschers bald auf und arbeitete als Journalist und freier Schriftsteller. Seine plattdeutschen Bühnenstücke – „Jürgen Piepers", „Der Lotse", „Mudder Mews" – werden noch heute gespielt. Kurz vor seinem Tod wurde er als Dramaturg an das Hamburger Schillertheater berufen.

Steigt man wieder herab von diesem kleinen Olymp, so liegen links am Weg eine Reihe von Kissensteinen. Die schlichten Male stehen in umgekehrtem Verhältnis zu dem Bekanntheitsgrad der Namen, **Quistorf** die auf ihnen verzeichnet sind: Hermann Quistorf, Wolfgang und **Borchert** Hertha Bochert, Walter Scherau und Carl Voscherau. Hermann **Scherau** Quistorf (1884–1969) <AC 5> setzte sich durch Übersetzungen **Voscherau 18** und die Herausgabe von Zeitschriften und Büchern für die Erhaltung des Niederdeutschen ein. Berühmt wurde der junge Dichter Wolfgang Borchert (1921–1947) <AC 5> mit seinem Hörspiel und Drama „Draußen vor der Tür", das noch heute zutiefst berührend das Kriegs- und Heimkehrerelend von 1945 schildert. Der junge Borchert hatte als Regimegegner im Zweiten Weltkrieg Haft und Strafkompanie erlebt. Krank kehrte er aus dem Krieg zurück. Seinen Ruhm erlebte er nicht mehr. Die erste Bühnenaufführung seines Dramas fand am Tage nach seinem Tod in den Kammerspielen statt. Carl Voscherau (1900–1963) <AC 5> ging 1933, als er als Finanzbeamter entlassen wurde, als Laienspieler an die Niederdeutsche Bühne von Richard Ohnsorg. Sein jüngerer Bruder Walter Scherau (1903–1962) <AC 5> arbeitete bis zum Zweiten Weltkrieg als Kaufmann. Danach kam er – immerhin schon 42jährig – durch Vermittlung seines Bruders zur Bühne. Im Ohrsorg-Theater übernahm er auch die kaufmännische Direktion.

Geht man weiter, so liegt auf der rechten Wegseite vor der Böschung, die hier den Friedhof von der Bahnlinie abgrenzt, die Grabstätte des niederdeutschen Dramatikers Wilfried Wroost **19 Wroost** (1889–1959) <AD 5>. Schräg gegenüber findet man an der Böschung die schlichte Grabplatte für den Schauspieler Henry Vahl **19 Vahl** (1897–1977) <AD 5>. Folgt man dem Weg entlang der Böschung nach links, so kommt man bei dem Abzweiger nach links an der Grabplatte der Konzertsängerin Frau Prof. Henny Wolff (1897– **20 Wolff** 1965) <AC 4> vorbei. Man kann dort noch einen Abstecher nach links machen, wo auf der rechten Wegseite etwas versteckt die helle Muschelkalkstele des niederdeutschen Lyrikers Robert Gar- **21 Garbe** be (1878–1927) <AC 5> steht. Der Weg führt auf die Talstraße, auf der man beim Krematorium den Nebenausgang oder etwas weiter entfernt den Hauptausgang erreicht.

10. Frauenleben · Frauenschicksale · Frauenrechte

Ein Gang zu den Grabstätten von Frauen

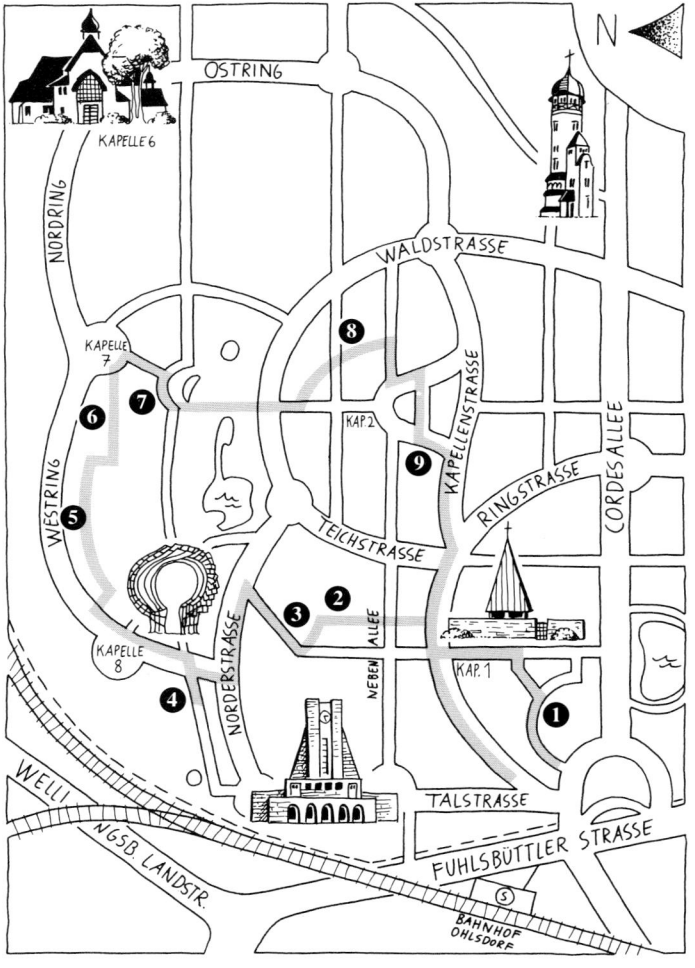

Dauer: ca. 1 Stunde
Ausgangspunkt und Ziel: Althamburgischer Gedächtnisfriedhof
Der Weg führt vom Gedächtnisfriedhof quer durch die Grabfelder
bis zur Nordgrenze des Friedhofes und kehrt in weitem Bogen über
die Kapellen 1 und 2 zurück. Die – meist schlichten – Grabmale
der Frauen liegen auf dem Friedhof weit verstreut.

Achtet man auf dem Friedhof auf die Namen, die auf den Grabmalen stehen, so zeigt sich rasch, daß etwa gleich häufig Männer
und Frauen genannt sind, denn in den Familien gilt die Trauer und
das Gedenken jeder Einzelperson, die man verloren hat. Dennoch
überwiegen auch in diesem Führer die Namen von Männern, von
denen ausführlicher berichtet wird. Gegen eine seit Jahrhunderten
männlich orientierte Geschichtsschreibung, in der die Arbeit und
die Aufgaben der „anderen Hälfte der Menschheit" weitgehend als
selbstverständlich und damit nicht besonders erwähnenswert galten, kann hier nur die Erinnerung an einzelne Frauen gesetzt
werden, deren Leben und Wirken besonders interessant ist: Frau-
en, die durch ihre Energie und den Einsatz ihrer persönlichen
Fähigkeiten zu ihrer Zeit Ungewöhnliches geleistet haben, und
solche, die sich besonders bei der Durchsetzung neuer Rechte für
ihre Geschlechtsgenossinnen eingesetzt haben. Die Auswahl ist
ganz persönlich. Je länger man sich allerdings damit beschäftigt,
desto mehr interessante und ungewöhnliche Lebensgeschichten
und -werke kommen ans Tageslicht!
Wie viele unserer Rundgänge beginnt auch dieser auf dem Althamburgischen Gedächtnisfriedhof. Unter den insgesamt 95 Tafeln und Einzelgrabmalen ist eine einzige „Herausragenden Frau-
en" gewidmet. 403 Männernamen sind hier in Stein gemeißelt,
aber nur die Namen von 16 Frauen werden aufgrund ihrer eigenständigen Leistung genannt. (Einige weitere Frauen wurden hier
wiederbestattet, da ihre Gebeine gemeinsam mit denen ihrer
berühmten Männer überführt wurden.) Die Tafel liegt vor der
linken Treppe. Auf ihr sind die Namen Maria Caroline Ilsabe **Perthes**
Perthes geb. Claudius (gest. 1821), Johanna Margarethe Sieveking *1* **Sieveking**

Wüstenfeld *1*   geb. Reimers (gest. 1832) und Emilie Wüstenfeld geb. Capelle (1817–1874) vermerkt. Auf das Lebenswerk von Emilie Wüstenfeld soll aufmerksam gemacht werden. 1841 zog sie nach Hamburg und engagierte sich dort bald für die junge Deutsch-Katholische Gemeinde; einen freireligiösen Zusammenschluß von Gläubigen, die – ähnlich wie die protestantischen „Lichtfreunde" – durch Basisdemokratie und Mitbestimmung ein Christentum der tätigen Liebe leben wollten. Im Gegensatz zu den Amtskirchen, wo noch lange der Satz des Paulus „Das Weib schweige in der Gemeinde" galt, förderte man die Mitwirkung von Frauen. Emilie Wüstenfeld gründete zusammen mit anderen Frauen einen Unterstützungsverein. Die weitere Arbeit der Frauen führte schließlich dazu, daß sie 1850 eine „Hamburger Hochschule für das weibliche Geschlecht" ins Leben riefen. Sie hatten bei ihrer Arbeit allzu oft feststellen müssen, daß es ihnen an den nötigen Wissensgrundlagen mangelte. Schulbildung für Mädchen war damals weitgehend Privatsache. Von der „höheren Bildung" waren Frauen noch völlig ausgeschlossen. Die Hochschule bestand allerdings nur zwei Jahre. 1853 wurde die Deutsch-Katholische Gemeinde in Hamburg im Zuge der restaurativen Bestrebungen verboten. Emilie Wüstenfeld setzte ihre Aktivitäten für die Gründung einer Gewerbeschule für Mädchen ein, die 1867 eröffnet wurde und die Ausbildung zur Kindergärtnerin, Zeichenlehrerin, Handarbeitslehrerin oder kaufmännischen Angestellten anbot.

Paulsen *1*   In diesem Zusammenhang muß Charlotte Paulsen (1797–1862) erwähnt werden, auch wenn sie – aus welchen Gründen auch immer – nicht auf dem Althamburgischen Gedächtnisfriedhof wiederbestattet wurde. Ihr Grabmal befindet sich im Heckengartenmuseum (s. S. 41). Als Tochter des Bankiers John Thornton wuchs sie in großbürgerlichen Verhältnissen auf, wobei sie die standesgemäße Mädchenerziehung durch ausländische Gouvernanten und einen Hofmeister erhielt. Durch die Wirren der Franzosenzeit verarmte die Familie. Charlotte heiratete einen wesentlich älteren Mann. Älter geworden fühlte sie den Wunsch „nach praktischem Mithandeln". Eine berufliche Tätigkeit gegen

Entgelt wäre damals für eine Frau aus ihren Kreisen nicht in Frage gekommen. Deshalb gründete sie zusammen mit Gleichgesinnten einen „Frauenverein zur Unterstützung der Armenpflege", der im Gegensatz zu dem schon bestehenden Wohltätigkeitsverein von Amalie Sieveking nicht nach der Konfession der Hilfsbedürftigen fragte. Aus ihrer „Bewahranstalt" für Kinder ging eine vereinseigene Schule hervor. Sie selbst sammelte immer wieder Spenden bei ihren gutbetuchten Freunden. Als sie 1862 starb, hatte sie ihr selbstgesetztes Motto erfüllt: „Wir Frauen sollten uns nur dreist wagen, für das einzutreten, was wir einmals als recht und gut erkannt … Nur die Angst und das Zagen fortgeschafft, dann ist viel für die gute Sache gewonnen."

Auf der Tafel für die „Graphiker" (links neben Runges Grabmal) liest man den Namen Ebba Testorpf (1851–1920), die nach dem Hamburger Brand von 1842 Straßen und Häuser der stehengebliebenen Stadtgebiete zeichnete und damit die Erinnerung an das althamburgische Leben bewahrte. Mit ihrem ererbten Vermögen sammelte sie Hamburgensien. 5 000 historische Ansichten und ihre eigenen Zeichnungen schenkte sie dem Museum für Kunst und Gewerbe, als sie 1894 zu einer Freundin nach Düsseldorf zog.

1 Testorpf

Vom Gedächtnisfriedhof geht man hinauf zur Kapelle 1 (über den Weg hinter dem Christus zum runden, von Bäumen gerahmten Platz, dort halbrechts und an der nächsten Kreuzung nach links). Man folgt dort der Kapellenstraße kurz nach rechts und biegt von ihr in den nächsten Weg nach links ab. Nach der breiten Wegkreuzung mit der Nebenallee biegt man beim nächsten Pfad in das Grabfeld rechterhand ein. Dort steht in der ersten Grabreihe links die schlichte Stele für Bertha Keyser (1868–1964) <W 10>, den „Engel von St. Pauli". Sie brach eine Bäckerlehre ab, um als Kindermädchen nach England zu gehen. Später war sie Reisebegleiterin in Amerika und Kammerzofe bei einer Gräfin in Paris. Aber das „reiche, satte Leben bei meinem Duc bekam mir nicht. Und zum Entsetzen aller ging ich zu den Armen und wurde später Gefängniswärterin in einem Pariser Frauengefängnis", schreibt sie. 1913 kam sie zur „Strand-Mission" nach Hamburg und fand

2 Keyser

hier ihre Lebensaufgabe. In
den 20er Jahren kümmerte sie
sich um Obdachlose und un-
terhielt drei Feldküchen, die
täglich 600 Essen für Bedürf-
tige ausgaben. Im Zweiten
Weltkrieg wurden die von ihr
eingerichteten Obdachlosen-
häuser zerstört, so daß sie nach
dem Krieg – inzwischen schon
77 Jahre alt – wieder ganz von
vorn anfing. Auf die Frage,
warum sie nicht aufhöre, ant-
wortete sie: „Ich muß selber

weitermachen. Die Behörden haben nur Papier und kein Herz."
Für ihre „Sperlinge Gottes" ging sie Spenden sammeln und
richtete im Bäckerbreitergang eine kleine Ladenwohnung ein, wo
sie täglich Essen und Kleidung ausgab. Mitten in ihrer Arbeit starb
sie. Ein Freundeskreis sorgte für das Grabmal mit der Aufschrift:
„Geh auch Du in den Weinberg!"

Zurückgekehrt auf den Weg, erreicht man im Weitergehen die
sogenannte Mariensäule, das Grabmal des Bildhauers Richard

Kuöhl Kuöhl mit einer stilisierten Frauenfigur. Vor ihr biegt man mit
dem Weg nach links. Auf der nächsten Ecke liegt die große
Grabstätte der Familie Hertz <Y 10>. Die Bildhauerin Mary

Warburg geb. Warburg geb. Hertz (1866–1934) schuf die rote Grabmalwand für
Hertz 3 ihre Familie, in deren gebogenem Mittelfeld ein großes Kreuz vor
einer Strahlenglorie erscheint. Sie heiratete mit 43 Jahren den
Kunsthistoriker Aby Warburg und lebte mit ihm und ihren beiden
Kindern in der Heilwigstraße. Ihr Mann – Sohn der reichen
jüdischen Bankiersfamilie Warburg – hatte schon früh zugunsten
lebenslanger Unterstützung seiner wissenschaftlichen Tätigkeit
auf Erbansprüche verzichtet. Er baute eine umfangreiche Bibliothek auf und begründete eine neue wissenschaftliche Schule.
Allerdings litt er an Depressionen und mußte zeitweise in eine

Heilanstalt eingewiesen werden. 1929 starb er. Als die Nationalsozialisten an die Macht kamen, emigrierte Mary Warburg nach
London und rettete damit auch die berühmte Bibliothek. Ein Jahr
später starb sie fern der Heimat. Ein Gedenkstein erinnert auf der
rechten Seite an sie und ihren Mann.

Auch die folgende Grabstätte erinnert an eine Künstlerin, die von
den Nationalsozialisten verfolgt wurde. Man erreicht sie, indem
man nach rechts zur Norder-Straße geht, in die man nach links
abbiegt. Vom Westring geht nach wenigen Schritten der schon
früher erwähnte Weg entlang des schmalen Bachlaufes nach links.
Am Ende der hinteren Grabreihe steht eine helle Stele auf der
Grabstätte der Familie Lübbert <AC 8>. Vor ihr liegt ein einfacher
Kissenstein für die Malerin Alma del Banco (1863–1943), die aus **4 del Banco**
einer portugiesisch-jüdischen Kaufmannsfamilie stammte. Sie
konnte die bekannte private Malschule von Valeska Röver besuchen und ging später nach Paris, wo sie unter anderem bei Fernand
Leger lernte. Zurückgekehrt wohnte sie seit 1919 bei ihrem
Bruder, der sie auch finanziell unterstützte. Ihr Atelier wurde zum
Künstlertreffpunkt. Ihre Bilder hingen in den Ausstellungen der
Hamburger Sezession, bis sie 1933 von den Nationalsozialisten
verboten wurden. Als sie die Nachricht von ihrer Deportation
erhielt, wählte sie 80jährig den Freitod. Zurückgekehrt zum Westring geht man am Tor des „Anonymen Urnenhains" vorbei und

biegt danach in den zweiten Weg nach rechts und beim nächsten
Weg wieder links ein. Nach etwa zweihundert Metern erreicht
man eine Wegkreuzung, hinter der man in das Grabfeld links
einbiegt. Am Ende der kurzen Grabreihe liegt die Grabstätte der
Familie Glinzer, ein rötlicher Felsen mit niedrigen Seitenwänden,

Glinzer 5 vor dem ein Kissenstein an Hanna Glinzer (1874–1961) <AG 13>
erinnert. Ihr Vater war Lehrer an der Baugewerbeschule, ihre
Mutter eine Pflegetochter von Emilie Wüstenfeld. Auch sie wurde
Lehrerin. Die Zulassung dazu mußte sie sich in privaten Abend-
kursen erarbeiten. Bis 1910 konnten Mädchen das Abitur in
Hamburg nur als Externe an Jungengymnasien machen. Nach
Jahren, in denen sie neben ihrer Tätigkeit als Lehrerin weiter
studiert hatte, wurde sie 1911 Direktorin der Paulsenstiftschule;
jener Schule, die aus dem Unterstützungsverein von Charlotte
Paulsen hervorgegangen und inzwischen zu einer großen
Mädchenschule geworden war. Als diese Schule 1937 verstaatlicht
wurde, hätte Hanna Glinzer den Treueeid auf Hitler schwören
müssen. Sie ließ sich aber lieber ein Jahr zu früh pensionieren.

Geht man von hier aus auf dem Weg weiter (nach Osten), biegt an
den nächsten Wegekreuzungen zuerst nach rechts und dann nach
links ab, so erreicht man den Verbindungsweg zwischen dem
„Millionenhügel" und Kapelle 7. Kurz vor der Kapelle (nach links)
trifft man auf der linken Seite des Weges auf die Grabstätte Fiedler.
Zwischen ihr und dem kleinen Markstein mit der Planquadrat-

Treuge 6 nummer befand sich das Grab von Margarethe Treuge (1876–
1962) <AF 19>. Allerdings ist diese Grabstätte inzwischen aufge-
geben, und das Grabmal, das einst an sie erinnerte, ist abgeräumt.
In Westpreußen geboren, wurde sie nach dem frühen Tod der
Eltern bei Verwandten aufgezogen und erhielt eine Ausbildung als
Volksschullehrerin. Auch sie arbeitete gleichzeitig als Lehrerin
und studierte weiter. In der 1908 gegründeten „Berliner Sozialen
Frauenschule" hat sie Gertrud Bäumer kennengelernt; eine der
prominentesten Vertreterinnen der bürgerlichen Frauenbewe-
gung, die 1917 als erste Leiterin an die neugegründete Soziale
Frauenschule nach Hamburg berufen wurde. Letztere bildete bis

1930 nur Frauen für die „Fürsorgearbeit" aus und besteht heute als Fachhochschule für Sozialarbeit weiter. Gertrud Bäumer zog 1919 als Abgeordnete in die Nationalversammlung in Berlin ein. Ihre Nachfolgerin in Hamburg wurde Margarethe Treuge. Neben ihrem Beruf engagierte sie sich schon früh für die Sache der Frauen und publizierte Aufsätze zu den unterschiedlichsten Themen in der Zeitschrift „Die Frau", die von 1896 bis 1944 herausgegeben wurde. Nach 1933 wurde sie von den Nationalsozialisten straf-versetzt und zwangspensioniert. Nach 1945 engagierte sie sich erneut für die Frauensache.

Geht man von hier aus zur Kapelle 7 weiter, biegt bei ihr nach rechts und in den zweiten Weg wieder nach rechts ein, so erreicht man die kleine Landschaftspartie, an der die schon erwähnte große Grabstätte der Familie Traun <AC 18> (s. S. 139) liegt. Auf einem Kissenstein steht der Name von Bertha Traun geb. Meyer (1818–1863) zu lesen. Sie gehörte zu den Frauen um Emilie Wüstenfeld. Allerdings ging ihr Engagement für die Deutsch-Katholische Gemeinde so weit, daß sie sich in den Prediger verliebte. Die Affäre weitete sich zu einem Skandal aus, als sie sich scheiden ließ und mit ihm nach London zog. Als Tochter des reichen Stockfabrikanten Meyer hatte sie sowohl durch ihr Elternhaus wie durch ihre Ehe gute Verbindungen zur Hamburger Kaufmannschaft. Der Skan-dal führte mit dazu, daß der neugegründeten „Hochschule für das weibliche Geschlecht" die Zuwendungen von dieser Seite entzo-gen wurden.

Traun
7 geb. Meyer

Geht man von hier aus gerade über die Wiese (nach Süden), so erreicht man die Waldstraße, die man überquert, und geht ein kurzes Stück in Richtung auf Kapelle 2. Gleich beim nächsten Weg biegt man nach links und kommt etwas später an dem gemein-schaftlichen Grab der Iranisch-islamischen Gemeinde vorbei, de-ren Bestattungen auf Mekka hin ausgerichtet sind. Die schlichten Stelen sind mit arabischen Buchstaben beschriftet. Der Weg mündet auf einen Parallelweg der Nebenallee, in den man nach links einbiegt, um gleich danach die alte Richtung wieder aufzu-nehmen. Nach wenigen Schritten findet man linkerhand etwas

Iranisch-islamische Gemeinde

Rougemont *8* vom Weg entfernt die Grabstätte der Familie Rougemont <W 21>, die nur durch Kissensteine gekennzeichnet ist. Hier liegt Charlotte Rougemont (1901–1988) begraben, die als Märchenerzählerin viele Kinder und Erwachsene in Norddeutschland erfreut hat. Nach dem Ersten Weltkrieg wurde sie medizinisch-technische Assistentin und arbeitete in Eppendorf. Fasziniert von der Erzählerin Wilma Mönckeberg-Kollmar, begann sie während ihrer Arbeit, Märchen auswendig zu lernen. Zuerst erzählte sie kleinen Patienten im Krankenhaus. Im Krieg trug sie auch vor verwundeten Soldaten Märchen vor. Sogar im Finanzamt bewies sie ihre ungewöhnliche Kunst, als man nach dem Krieg ihre Einnahmen regulär versteuern wollte: „Ehe sich's der Finanzbeamte versah, war ich schon mitten drin im Erzählen", berichtet sie in ihren Memoiren, „und nach drei Minuten bereits glücklich am Ende angelangt. Das kleine chinesische Volksmärchen von jenem Zauberfaß, das sich immer wieder von neuem mit Geld füllt, soviel man auch aus ihm herausschaufelt, war wie geschaffen dafür, in

einem Finanzamt erzählt zu werden! … Man lachte herzlich, und von Umsatzsteuer war fortan nicht mehr die Rede."

Geht man weiter, so erreicht man bei der nächsten Kreuzung die Nebenallee und sieht rechts die Kapelle 2, zu der man hinübergeht. Man folgt der Straße im Bogen um sie herum. Dahinter stehen auf der rechten Seite zwei niedrige gußeiserne Kreuze. Eines erinnert an

Mestorf *9* die Professorin Johanna Mestorf (1829–1909) <U 17>, die als erste Frau in Deutschland diesen Titel erhielt, obwohl sie nie an einer Universität stu-

dierte. Mit 20 Jahren ging sie als Erzieherin und Gesellschafterin nach Schweden. Schon ihr Vater hatte vorgeschichtliche Funde gesammelt. Sie interessierte sich für die nordische Archäologie, die damals in der Altertumskunde führend war. In Deutschland kannte man diese neuen Forschungen kaum, und Johanna Mestorf fing an, die wissenschaftlichen Schriften zu übersetzen. Später ging sie als Reisebegleiterin nach Italien und wohnte ab 1859 in Hamburg, wo sie weiterhin Übersetzungen anfertigte und eigene Arbeiten veröffentlichte. Als Mitglied der neugegründeten Anthropologischen Gesellschaft nahm sie – zum Teil als offizielle Vertreterin des Hamburger Senats – an den Kongressen teil, verfaßte Berichte und begründete den Schleswig-Holsteinischen Zweigverein der Gesellschaft mit. Allerdings verdiente sie in dieser Zeit ihren Lebensunterhalt als Auslandskorrespondentin und Sekretärin bei der Lithographischen Anstalt von C. Adler in Hamburg. Erst 1873, als eine neue Kustodenstelle am Museum vorgeschichtlicher Altertümer in Kiel eingerichtet wurde, erhielt sie eine Berufung dorthin. Mit 45 Jahren begann sie, die Bestände neu zu ordnen und die Sammlung zu vergrößern. 1891 wurde sie zur Direktorin des Museums und zu ihrem 70. Geburtstag zur Professorin ernannt. Bezeichnend für die Zeit, in der sie lebte, ist ihre Würdigung durch einen Kieler Professor: „Tief gelehrt und kunstsinnig, von den Größten als vollgültig angesehen, im wissenschaftlichen Streit dem Stärksten gewachsen, … dabei für sich selbst rührend anspruchslos, suchte sie doch den ihr von Natur gewiesenen Umgang mit feinen und klugen Frauen, wollte immer Dame und nie ein Halbmann sein, war eine Meisterin in feinen weiblichen Handarbeiten und treu bis zum letzten …, ein wahrer Johannis für die kommende Glaubensgemeinde der weiblichen Gelehrten …"
Von hier aus gelangt man über die Kapellenstraße und Kapelle 1 zum Hauptausgang.

11. Alte Beerdigungstraditionen leben fort

Die Grabstätten von Zünften, Brüderschaften und Genossenschaften

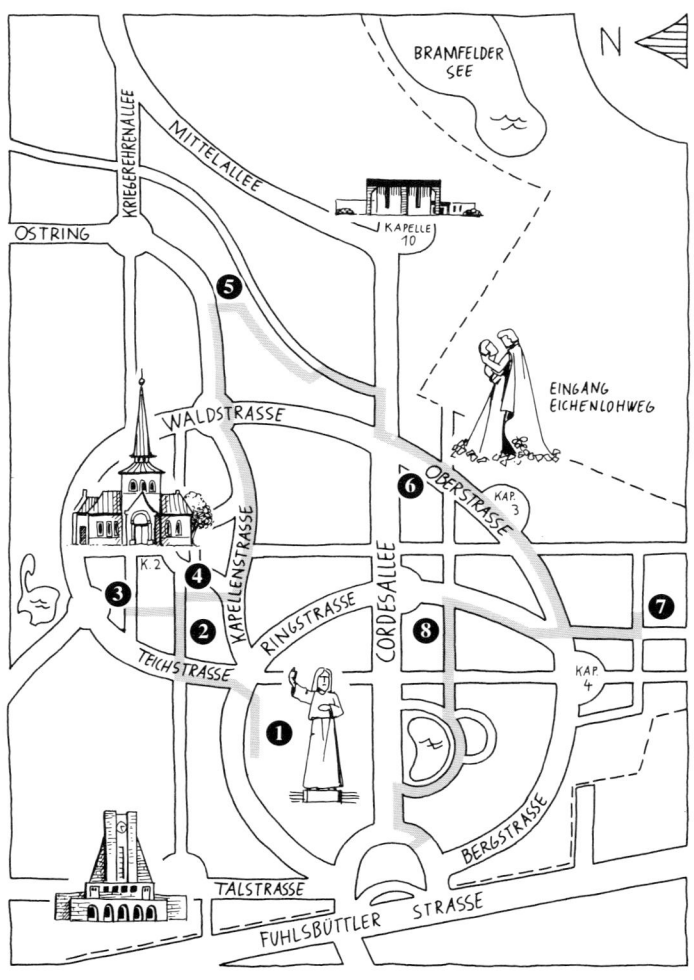

Dauer: ca. 2 Stunden
Ausgangspunkt: Kapelle 1, Ziel: Verwaltungsgebäude
Von Kapelle 1 geht man nach Osten zu den ältesten Genossen-
schaftsgräbern, die heute noch an Ort und Stelle erhalten sind. Der
Weg führt an Kapelle 2 vorbei zu dem Kreisverkehr zwischen
Wald- und Kapelle-Straße. Nicht weit davon sind die Grabmale
der Zünfte und Brüderschaften von den alten Friedhöfen Ham-
burgs museal aufgestellt. Von dort geht man entlang der alten
Staatsgrenze nach Süden zum Wasserturm und erreicht über die
Oberstraße weitere Gemeinschaftsanlagen. Zu diesem Weg gibt es
einen Sonderplan bei dr Friedhofsverwaltung.

Auf dem Ohlsdorfer Friedhof lebt wie auf wenigen anderen Beer-
digungsplätzen eine Tradition fort, die wie ein Fenster den Blick
auf spätmittelalterliche Beerdigungssitten freigibt. Aus dieser Zeit
stammen die ältesten Genossenschaftsgräber, in denen die Mitglieder von Zünften oder Brüderschaften gemeinschaftlich ihre
letzte Ruhestätte fanden. Der christliche Glaube war im späten
Mittelalter sehr viel stärker als heute auf das Jenseits hin ausgerichtet; der Tod war allgegenwärtig und das tägliche Leben unsicher.
Damit hatte die Fürsorge für die Seelen der Verstorbenen einen
ganz anderen Stellenwert. Für ihr Heil mußten nach dem Tode
und an den Jahrestagen Seelmessen ausgerichtet werden. Durch
eine Grabstätte in der Nähe des Altares und damit auch nahe bei
den Reliquien der Heiligen konnte man sich für den Tag der
Auferstehung und des Jüngsten Gerichtes Fürsprache bei Gott
sichern. Aber das ließ sich die Kirche teuer bezahlen. So konnten
nur reiche Bürger es sich leisten, einen eigenen Beerdigungsplatz
auf längere Zeit zu erwerben und die notwendigen gottesdienst-
lichen Verrichtungen über einen gewissen Zeitraum abzusichern.
Die Armen wurden in großen Gruben bestattet, die auf dem
Kirchhof – dem Platz um die Kirche herum – geöffnet wurden.
Waren sie voll belegt, wurden sie mit Erde bedeckt und an anderer
Stelle neue Gruben aufgegraben. Wurden dabei Gebeine auf-
gefunden, weil man die gleichen Flächen nach einer gewissen Frist

erneut zum Bestatten benutzte, so wurden sie eingesammelt und im Beinhaus an der Kirche aufbewahrt.

Um für die Seele zu sorgen und diese Art der Bestattung zu vermeiden, schlossen sich diejenigen, die wenigstens etwas Geld zur Verfügung hatten, zu Brüderschaften zusammen, in denen man sich zum gemeinsamen Gebet für die Verstorbenen traf. Solche Brüderschaften wurden im späten Mittelalter in großer Zahl gegründet. Sie führten ebenso wie die Zünfte – in Hamburg „Ämter" genannt – eine Gemeinschaftskasse, die „Totenlade", aus der die Grabstätte und die Begräbniskosten für die Mitglieder gezahlt wurden. Im Todesfall waren sie untereinander zu Dienstleistungen verpflichtet, z. B. zum Totengeleit und dem Tragen des Sarges vom Sterbehaus zum Friedhof. Den Hinterbliebenen wurde ein Sterbegeld ausgezahlt. So kann man in diesen Kassen Vorläufer der heutigen Sozialversicherungen sehen, und tatsächlich gingen nach deren Einführung im 19. Jahrhundert die meisten Totenladen ein. Einige Boten der Totenladen – sie waren eine Art Geschäftsführer der Kassen und hatten unter anderem die Aufgabe, Mitglieder von einem Todesfall zu unterrichten – wurden daraufhin zu Bestattungsunternehmern.

Aus historischen Plänen kann man ersehen, daß viele solcher Genossenschaftsgräber von Brüderschaften und Ämtern in den Kirchen und auf den Kirchhöfen Hamburgs in Benutzung waren. Auf den Friedhöfen vor den Toren fanden in ihnen noch 1870 elf Prozent aller Bestattungen statt. Nachdem sie dort geschlossen worden waren, wurden sie zu einem großen Teil nach Ohlsdorf verlegt, wo anfangs fast ein Drittel der zum Beerdigen hergerichteten Flächen für sie reserviert war. Zur Erläuterung muß erwähnt werden, daß die Friedhöfe vor den Toren Hamburgs sukzessive geschlossen wurden. Zuerst kamen nur die Armengräber, für die keine Gebühren erhoben werden konnten, nach Ohlsdorf; zwei Jahre später wurde die einfachste Grabart mit Beerdigungsgebühren, das „Allgemeine Grab" verlagert. 1882 wurden die Genossenschaftsgräber der Alten Friedhöfe geschlossen. Die Familiengräber wurden dort erst 1894 aufgehoben.

Die Brüderschaften und Zünfte besaßen auf den alten Friedhöfen nicht nur ihre eigenen Grabstätten, sondern schmückten diese auch mit einem gemeinschaftlichen Grabmal aus. In seiner Gestaltung und durch die Einfriedung der Grabstätten lehnten sich die besseren Genossenschaftsgräber an die übliche Ausstattung von Familiengrabstätten an. Dicht bei Kapelle 1, wo der Rundgang beginnt, liegt das Genossenschaftsgrab der Corporation der Klempner <S 10/11>, das mit seiner niedrigen Hecke und den **1 Klempner** aufgereihten, modernen Kleingrabmalen die typische Form einer solchen gemeinschaftlichen Grabanlage darstellt. Das Grab wurde 1885 nach Ohlsdorf verlagert. Auf dem Hauptgrabmal ist in einem weißen Marmorrelief das Heck einer Kogge mit einer Schiffslaterne eingemeißelt; das Handwerkssymbol der Klempner mit der Umschrift „Siegel 1541", die auf die Gründungszeit der Zunft hinweist. Man erreicht die Grabstätte, wenn man zur Rückseite der Kapelle 1 geht. Dort wendet man sich nach links, wo ein Weg an der hohen Buchenreihe entlangführt, die den Verlauf eines ehemaligen Knicks bezeichnet. Die Grabstätte liegt rechterhand.

Der Weg führt weiter zur Kapellenstraße, von der man links in die Teichstraße einbiegt. Als nächster Weg kreuzt die Nebenallee die Teichstraße. Man biegt in sie nach rechts in Richtung auf Kapelle 2 ein. Rechts von ihr liegt die Grabstätte der Bürsten- und **Bürsten- und** Pinselmacher <V 14>, die an ein inzwischen fast ganz ausgestorbenes **2 Pinselmacher** Handwerk erinnert. Bei der nächsten Kreuzung kann man einen Abstecher zu dem Genossenschaftsgrab der Innung – Tape- **Tapezier-** zierverein von 1810 <X 15/16> machen. Man geht nach links, bei **3 verein** der folgenden Kreuzung nach rechts und in den nächsten Weg nach links. Das gemeinsame Grabmal am Ende des Grabfeldes rechterhand ist von einem kräftigen Efeu überwachsen. In diesem Gebiet waren im Anschluß an das erste Beerdigungsfeld vorwiegend Bereiche für Genossenschaftsgräber angelegt worden. Viele dieser ehemaligen Grabstätten sind heute abgeräumt. Die Grabmale wurden zum Teil in das Ämtersteinmuseum übertragen, über das weiter unten berichtet wird. Die älteste Genossenschaft, die noch heute ihre Grabstätte auf dem Ohlsdorfer Friedhof unter-

Casse der Stücke von Achten 4

hält, ist die Casse der Stücke von Achten <U 15/16>. Sie geht auf die Schiffergesellschaft von 1499 zurück, die später mit dieser „Casse" vereinigt wurde. Letztere wurde 1622 eingerichtet, um versklavte Hamburger Seeleute im Mittelmeerraum freizukaufen. Sie bildete damit ebenso wie die Totenlade eine frühe Form der privaten Versicherung auf Gegenseitigkeit. Ihr heute unverständlicher Name rührt von der Münze her, in der damals das Lösegeld zu entrichten war. Der kastilische „Peso de otto" enthielt acht „reales de plata", in Stücken von diesem „achten" wurde der Beitrag berechnet. Man erreicht die Grabstätte, wenn man – zurückgekehrt von dem Abstecher – geradeaus weitergeht und in den nächsten Weg nach rechts einbiegt. Auf dem Grabmal (links vom Weg), das mit seinem roten Sandstein und der historisierenden Ausschmückung zu einem der von Cordes inspirierten Werke gehört, läßt sich die Verlagerung der Grabstätte von der Maria-Magdalenenkirche über die Dammtorfriedhöfe nach Ohlsdorf auf Niederdeutsch nachlesen. Im Relief des abgetakelten Segelschiffes erscheint das bekannte Todessymbol ein weiteres Mal auf dem Friedhof. Noch heute unterhält diese Kasse ein Altenheim für Seeleute und die Grabstätte in Ohlsdorf. Ein älteres Grabmal dieser Schiffergesellschaft findet sich im Ämterstein-

museum, das man erreicht, wenn man zur Kapellenstraße weitergeht und in sie nach links abbiegt. Sie kreuzt sich mit der Waldstraße an dem Kreisverkehr, an dem die erwähnte Grabstätte
Lippert (s. S. 71) steht. Man folgt der Kapellenstraße weiter und
bald weist ein Schild am rechten Straßenrand auf den besonderen
Bereich des Ämtersteinmuseums (S–T 27–28) hin, der rechts etwas
versteckt liegt. Er wurde bereits 1899, als die Steintorfriedhöfe

Lippert

**Ämterstein-
5 museum**

dem Hauptbahnhof weichen mußten, für erhaltenswerte Grabmale und zur Aufnahme jener Aschen angelegt, die nach der
Kremierung der Überreste von den aufgelösten Friedhöfen hier
bestattet wurden. Als unter den Nationalsozialisten die Friedhöfe
vor dem Dammtor weitgehend zu einem Aufmarschplatz – im
Bereich der heutigen Messehallen – und zu der Gartenbau-Aus-
stellung „Planten un Blomen" umgestaltet wurden, veränderte
man diesen musealen Bereich so, daß hier nur noch Grabmale von
Brüderschaften und Ämtern stehen, während Grabmale von Pri-
vatpersonen und Familien in dem damals neu eingerichteten
Heckengartenmuseum (s. S. 41) aufgestellt wurden. Die 54 Grabmale, die unter freiem Himmel stehen, stammen zumeist aus dem
ersten Viertel des 19. Jahrhunderts. Die Alten Friedhöfe waren ab
1794 vor dem Steintor und dem Dammtor angelegt worden. Doch
war das Beerdigen in den Kirchen erst ab 1811 durch französisches
Dekret verboten worden.

Unter französischer Besatzung wurden die damals neuen Friedhöfe verwüstet, weil sie im Vorfeld der wiederbefestigten Stadt lagen. Und erst nach der Franzosenzeit konnten sie wieder hergerichtet und neu bepflanzt werden. So stammen die Grabmale hauptsächlich aus dieser Zeit.

Jedes einzelne Grabmal in diesem Bereich erzählt seine eigene Geschichte von inzwischen meist ausgestorbenen Handwerken und Berufen ebenso wie von Brüderschaften und Sterbekassen, deren Namen in unseren Ohren fremd klingen. Immer berichten diese Grabmale auch von den kleinen Leuten, deren Andenken nur durch das gemeinschaftliche Handeln bewahrt geblieben ist.

Einige Grabmale sind allerdings inzwischen so verfallen, daß die Namen und Daten, die einst darauf geschrieben standen, nicht mehr zu entziffern sind. Der Steinzerfall hat auch Ornamente und Symbole fast ganz aufgelöst. Die schmalen, aufrechten Steinplatten stammen meist aus dem Sandstein des Weserberglandes, seltener aus dem Elbsandsteingebirge, und wurden zu Schiff nach Hamburg gebracht. Außer der natürlichen Verwitterung hat besonders die aus dem Erdreich aufsteigende Feuchtigkeit zusammen mit der Luftverschmutzung die schweren Schäden bewirkt. Zumindest der aufsteigenden Feuchtigkeit wird durch die kürzlich erfolgte Neuaufstellung auf isolierten Fundamenten Einhalt geboten.

Die meisten Stelen sind schlicht gehalten und zeigen neben der Inschrift mit dem Namen des Amtes oder der Brüderschaft ein kleines Relief mit einem sprechenden Symbol, das Namen und Handwerk verdeutlicht. Oft werden auch die Namen der „Ältermänner", also der Amtsvorsteher zusammen mit der Jahreszahl der Setzung und der Dauer, für die die Grabstätte erworben worden ist, genannt. Eine Zahl am unteren Rand des Steines steht für die Grabnummer, also den Standort auf dem ehemaligen Friedhof.

In den Schmuckformen – Palmetten, Eierstäben und Voluten – ebenso wie in den oft antikisierend gestalteten Symbolen herrscht der klassizistische Stil vor. Nur das Grabmal der Malerzunft <Sonderplan Nr. 25> direkt gegenüber der Eingangsseite bildet eine Ausnahme mit seinem Blendmaßwerk und krabbenbesetztem Giebel, der an mittelalterliche Kirchenfenster erinnert. Zur Beschriftung dienen gotische Frakturbuchstaben. Dieses Grabmal wurde erst 1855 aufgestellt, als die Gotik als christlich-nationaler Stil wiederentdeckt worden war.

Maler

In der Mitte der schlichten Rasenfläche, die ursprünglich als Rosenbeet angelegt war, steht die Pyramide der Gold- und Silberdrahtzieher <Nr. 1>. Der Friedhofsdirektor hatte sich hier eigentlich eine kostbarere Ausschmückung mit einem eigenen Denkmal vorgestellt, das an die Steintorfriedhöfe und ihre Toten erinnern sollte. Der Eingang der Museumsanlage wird von den beiden abgebrochenen Säulen der Maurergesellen von 1818 <Nr. 2> und von H. H. Ohl und Reese <Nr. 54> um 1820 flankiert, auf denen jeweils die Handwerksgeräte der Maurer in einem Relieffeld vereinigt sind. Die abgebrochene Säule bildet als Grabmalform selbst sowohl ein Symbol der Baukunst wie der Vergänglichkeit alles menschlichen Tuns. Andere Grabmale sind steinerne Zeugen für Berufsgruppen, deren Namen uns heute nur noch aus alten Geschichten bekannt sind. So erscheinen hier die Kornmesser <Nr. 14> und die Kornträger <Nr. 4, Nr. 42; Nr. 48>, deren Zugehörigkeit zu einem bestimmten Kirchspiel jeweils benannt wird. An die Kramer <Nr. 8 und Nr. 46>, die ehrbaren, kleinen Händler, die ehemals für den täglichen Bedarf der Stadtbewohner sorgten, wird erinnert. Die Krameramtsstuben bei der Großen St. Michaeliskirche zeigen, wie diese Ämter früher nicht nur für das gemeinsame Grab, sondern auch für die Hinterbliebenen sorgten. Auch die Butter- und Käsehändler <Nr. 53> waren eine eigenständige Zunft und konnten sich ein großes Grabmal in Form eines aufgesockelten Obelisken leisten, in dessen Sockelnische eine schalenförmige Urne als antikisierendes Todessymbol steht. Die Grabmale der Hausschlachter <Nr. 41> und der Knochenhauer

Gold- und Silberdraht-zieher

Maurer gesellen Ohl und Reese

Kornmesser Kornträger

Kramer

Butter- und Käsehändler

Hausschlachter Knochenhauer

<Nr. 3 und Nr. 26> lassen erkennen, wie eng die tägliche Versorgung mit frischem Fleisch mit dem städtischen Leben verbunden war. Erstere kamen direkt ins Haus, um das Vieh zu schlachten und zu zerlegen. Die Knochenhauer besaßen auf dem Markt bei der Nicolaikirche ihren festen Platz, den „Neuen Schrangen". Bemerkenswert ist dabei das sehr fein gearbeitete Relief auf dem cippusförmigen Grabmal der Knochenhauer vom neuen Schrangen, in dem das Lamm Gottes als christliches Symbol und als Handwerkszeichen über einem Füllhorn abgebildet ist.

In einer Hafenstadt wie Hamburg hatten natürlich besonders solche Berufe Platz, die mit der Verschiffung fester und flüssiger Waren zu tun hatten. Bis zur Erfindung der Tankschiffahrt wurden Flüssigkeiten in Fässern transportiert. So findet sich das **Böttger, Kiemer und Küper** Grabmal der Böttger, Kiemer und Küper <Nr. 12> und auch jenes der **Weinverlasser und Faßbinder** <Nr. 50>. Letzteres ist durch seine breitgelagerte Form und seinen Reichtum an Schmuckreliefs besonders auffällig. Im Mittelfeld wird ein Wappen mit Weintrauben von Löwen gehalten. An den Seiten ist als Zeichen der ewigen Dauer der antike Ouroboros angebracht. In der gleichen Reihe steht die hohe Stele der **Töpfermeister** <Nr. 45>, die durch ihr ovales Relief einer Töpferscheibe mit Blumenvase auffällt. Das Grabmal der **Zinn-, Kannen- und Rotgießer** <Nr. 52> ist als einziges aus rötlichem Muschelkalk hergestellt und aufgrund dieses haltbareren Steins weit weniger von der Verwitterung angegriffen. In seinem umkränzten Relieffeld sind eine Kanne und ein Leuchter als Produkte dieses Handwerkszweiges sinnfällig vor Augen gestellt. Schiffer und Schiffbauer sind ebenfalls durch ihre Grabmale vertreten. Neben dem schon erwähnten älteren Grabmal der Casse der Stücke von Achten <Nr. 17>, einem Obelisken mit einer ovalen Marmortafel, unter der das heute stark zerstörte Relief eines abgetakelten Segelschiffes zu erkennen ist, findet sich hier auch die hohe Stele der Schiffbauer <Nr. 10>, die 1844 datiert ist. Unter dem Schriftbild sieht man einen Schiffsrumpf auf der Helling; im Giebel ist das Handwerkszeug der Schiffbauer dargestellt.

Zwei weitere Grabmale verdienen besondere Aufmerksamkeit. Sowohl das Grabmal der Everführer vom Alten Krahn von 1611 <Nr. 21 und 22> wie das der Aufwertsfahrenden Steuer- und Schifferleute von 1594 <Nr. 35> – die ersten befuhren mit ihren Frachtkähnen das Hafengebiet, die letzteren segelten elbaufwärts – zeigen eine andersartige Gestaltung als die Stelen vom Beginn des 19. Jahrhunderts. Ihre fast quadratischen Steintafeln sind mit schlichten Reliefs ausgefüllt. Auf dem einen sind Enterhaken und Paddel gekreuzt, auf dem anderen zwei Enterhaken, zwischen denen eine Krone und ein Totenschädel erscheint. Die liegende Tafel der Ewerführer ist mit großen Lettern in altertümlicher Sprache beschriftet: „Dis ist bey dem alten Krahn der Ewerführer Bruderschafft Erbbegräbnis zu ewigen Tagen Anno 1611 den 11 September." Beide Tafeln stammen von den älteren Grabstätten der Ämter, die bei den Kirchen lagen, und dürften im 17. Jahrhundert entstanden sein.

Zwischen den Zunftgrabmalen stehen in loser Folge die Steine der Bruderschaften, deren blumige Namen meist auf christliche Tugenden hinweisen. So heißen sie: Die brüderliche Liebe Gott mit uns <Nr. 47>; Liebe, Friede, Demuth etc. <Nr. 40>; Friedensbruderschaft <Nr. 30>; Charitas <Nr. 9> oder auch Liebet die Gerechtigkeit <Nr. 16> und Aufrichtiger Freundschaftsbund <Nr. 18>. Die Reliefs sind meist klein und beziehen sich gern auf diese Namen, wie bei der Stele der Bruderschaft Fortuna oder das Glück

<Nr. 51>, auf der die Glücksgöttin mit wehendem Schal auf einer Kugel balanciert; ein deutlicher Hinweis auf die unsichere Standfestigkeit allen irdischen Glücks.

Verläßt man das Ämtersteinmuseum auf der dem Zugang gegenüberliegenden Seite und wendet sich nach rechts, so kann man wieder

**Bruderschafts-
grabmale**

ein kurzes Stück an jener Grenze entlangwandern, die einst die Freie und Hansestadt Hamburg von Preußen trennte. Auf ihr erreicht man in Richtung Süden nahe bei dem Wasserturm die Cordesallee. Biegt man dort nach rechts ein und betritt die Ober-Straße, so befinden sich gleich hinter der Ecke rechts drei Gemeinschaftsgräber, die im 19. Jahrhundert – den alten Zünften und Brüderschaften ähnlich – für Schwesternschaften dreier Krankenhäuser eingerichtet wurden. Das auffallendste Grabmal, ein Felsen aus rotem Mainsandstein mit einer Bronzetafel, steht auf der

**Staats-
kranken-
anstalten 6**

Grabstätte des Schwesternverein der hamburgischen Staatskrankenanstalten <M 21>, der von 1895 bis 1931 beim Eppendorfer Allgemeinen Krankenhaus bestand.

Bis zum 19. Jahrhundert wurden Kranke meist zu Hause gepflegt. Nur die Armen kamen in die sog. Armen- und Siechenhospitäler, in denen meist schlimme Zustände herrschten. Auch im ersten Allgemeinen Krankenhaus in St. Georg, das bei seiner Einrichtung 1823 als eines der modernsten Krankenhäuser in Deutschland galt, wurde die Krankenpflege weiterhin ungelernten Kräften überlassen, die schlecht bezahlt wurden und im Krankensaal wohnten. Auch im Eppendorfer Krankenhaus, 1889 eingerichtet, wurde anfangs so verfahren. Anderswo hatte sich inzwischen die sog. Schwesternpflege entwickelt: ein neuer Beruf für junge Frauen aus bürgerlichen Verhältnissen, mit dem der Wärterdienst „mehr zu einem Samariterdienst als zu einem Broterwerb" wurde. Während der Choleraepidemie von 1892 kamen den Hamburgern von außerhalb gut ausgebildete und motivierte Pflegekräfte zu Hilfe.

 In der Folge wurde die Gründung eines eigenen Schwesternverbandes beschlossen und im Juni 1894 Hedwig von Schlichting als erste Oberin nach Eppendorf berufen. Die Schwesternschaft wurde unter Leitung der Oberin familienähnlich organisiert. Aufgenommen wurden ledige, kinderlose Frauen zwischen 20 und 35 Jahren, die eine Ausbildung erhielten. Durch den Verein waren die Schwestern sozial abgesichert. Allerdings hatten sie kaum Einflußmöglichkeiten. Selbst die Oberin war bis 1921 im vorstehenden Kuratorium nur mit beratender Stimme vertreten. Frau von Schlichting (1861–1923) hatte aber als Gründungsoberin im Eppendorfer Krankenhaus eine starke Stellung. Das führte 1901 zu einem Machtkampf mit dem ärztlichen Direktor Prof. Dr. Rumpf. Der Streit wurde in der Öffentlichkeit mit Angriffen auf die Oberin ausgetragen, die gleichzeitig der Emanzipation der Frauen galten. „Der Fall Rumpf illustriert vortrefflich das moderne Sichvordrängen des weiblichen Geschlechts über die ihm gebührenden Grenzen, …" hieß es da zum Beispiel. Von offizieller Seite wurde die Oberin dagegen als „hervorragend praktisch angelegte und energische Frau" mit „temperamentvoller

Eigenart" gelobt. Frau von Schlichting verließ 1902 das Krankenhaus (Sie gründete einen eigenen Schwesternverein und übernahm das Präsidium des neugegründeten „Verbandes Deutscher Schwesternvereine"). Nach dem Ersten Weltkrieg wurden die Arbeitsbedingungen für Krankenschwestern liberalisiert, so daß der Vereinsstatus die Schwestern in ihrer Interessenvertretung behinderte. Deshalb löste sich der Verein auf.

Von hier aus folgt man der Ober-Straße bis zur Einmündung der Ring-Straße. Dort biegt man von der Straße nach links in den Weg ab und stößt bei der zweiten Wegkreuzung linkerhand auf die **Schlosser-** ehemalige Grabstätte der Schlosser-Innung <D 14–15>, deren **Innung** 7 alter Schmuck erhalten geblieben ist. Um das Grabfeld zu betreten, das heute als Feld für Urnenreihengräber mit gemeinsamen Grabmalen dient, muß man erst die schwere schmiedeeiserne Prunkpforte öffnen. Ihre großen eisernen Flügel sind mit barockisierenden Ornamenten ausgefüllt. In der Bekrönung erkennt man die überkreuzten Schlüssel als Symbol der Innung und die Jahreszahl 1900. Als gemeinsames Grabmal ist ein schmiedeeiserner Obelisk auf einem hohen Steinsockel aufgestellt. Die Kunstschmiede, die diesen Schmuck schufen, wirkten auch beim Bau des Hamburger Rathauses mit. Von ihnen stammen auch die großen Pforten des Friedhofes.

Auf der gegenüberliegenden Seite des Grabfeldes findet sich ein großer Findling. Er ist das Erinnerungszeichen an die wiederbestatteten Gebeine, die infolge eines Brandes 1906 aus den Grüften unter dem Turm und Portalen der **St. Michaelis** 7 Großen St. Michaeliskirche hierher überführt worden sind. Daneben liegt das gemeinsame Grab für die Insassen **Waisenhaus** 7 des ehemaligen Waisenhauses, das noch heute dem Jugendamt gehört.

Man wendet sich von hier aus zurück

Schlosserinnung, Schmiedeeisernes Tor, 1900

und geht über die Ringstraße in Richtung Cordesallee. Vor dem Gärtnereigebäude biegt man nach links in den Weg ein. Rechts hinter dem Grabfeld liegt eine letzte Gruppe nebeneinander liegender Genossenschaftsgräber. Den meisten Raum nimmt die

Schweizer *8*   Grabstätte der Schweizerischen Beerdigungskasse <L 14–15> ein. „Fern der Heimat vereint in Gott" steht auf dem felsartigen Grabmal. Im Bronzerelief erscheint eine „letzte Fahrt" in die endgültige Heimat: In einem Kahn wird eine aufgebahrte Frau über den Vierwaldstättersee zur Friedhofskapelle gebracht. Am Heck steht der große Fährmann, der den Kahn mit seinem Ruder

Arnold   steuert. Am Bug verkündet ein Knabe die Ankunft mit dem Alphorn. Xaver Arnold schuf dieses Relief für die Grabstätte, in der

Rotes Kreuz *8*   er auch selbst seine letzte Ruhe fand. Daneben liegen die Grabstätten der Rote-Kreuz-Schwestern und der Friseur-Innung, die

Friseur-   mit einfachen Felsen ausgeschmückt sind.

Innung *8*   Lange nicht alle gemeinschaftlichen Grabstätten des Friedhofes konnten in diesem Rundgang besucht werden. Der Vollständigkeit halber sollen einige, die nicht am Weg liegen, aber ebenfalls besuchenswert sind, wenigstens genannt sein. Nicht nur die

Japanisches   Schweizer haben in Ohlsdorf ihren eigenen „Friedhof im Fried-

Konsulat   hof". Das Japanische Konsulat besitzt seit 1944 eine eigene Grab-

Iranisch-   stätte für in Hamburg verstorbene Landsleute <AA 4>. Die Grab-

islamische   stätte der iranisch-islamischen Gemeinde, die seit Anfang der 40er

Gemeinde

Jahre besteht und inzwischen belegt ist, wurde schon in einem anderen Rundgang erwähnt (s. S. ...). Das Generalkonsulat der damaligen Chinesischen Republik erwarb schon 1929 ein Grab, das heute vom Chinesischen Verein <Bp 68> unterhalten wird. Zu den Grabmalen mit chinesischer und deutscher Beschriftung werden an Jahrestagen und beim chinesischen Totenfest „Quingming" im April Eßwaren gebracht und Räucherstäbchen angezündet. Die Katholiken, die gegenüber den zu 90 Prozent evangelischen Bürgern nur eine kleine Gemeinde in Hamburg bildeten, besaßen in der Sterbekasse „Die christliche Liebe und Treue gestiftet 1673" eine eigene Begräbnisbrüderschaft. Sie erwarb 1905 in Ohlsdorf eine Grabstätte bei der Kapelle 6, die 1959 auf den heutigen Platz östlich der Kapelle 13 verlegt wurde. Dorthin übernahm man auch das hohe Steinkreuz mit einem großen Bronzekruzifix, das auf der älteren Grabstätte aufgestellt worden war. Vor kurzem wurde für die Mitglieder der B'ahai-Religion <Bo 73> im äußersten Osten des Friedhofs eine eigene Grabstätte eingerichtet.

Chinesischer Verein

Katholische Brüderschaft

B'ahai

12. „Denk mal(e)" der Geschichte

Führung zu Grabanlagen mit Bezug auf historische Ereignisse

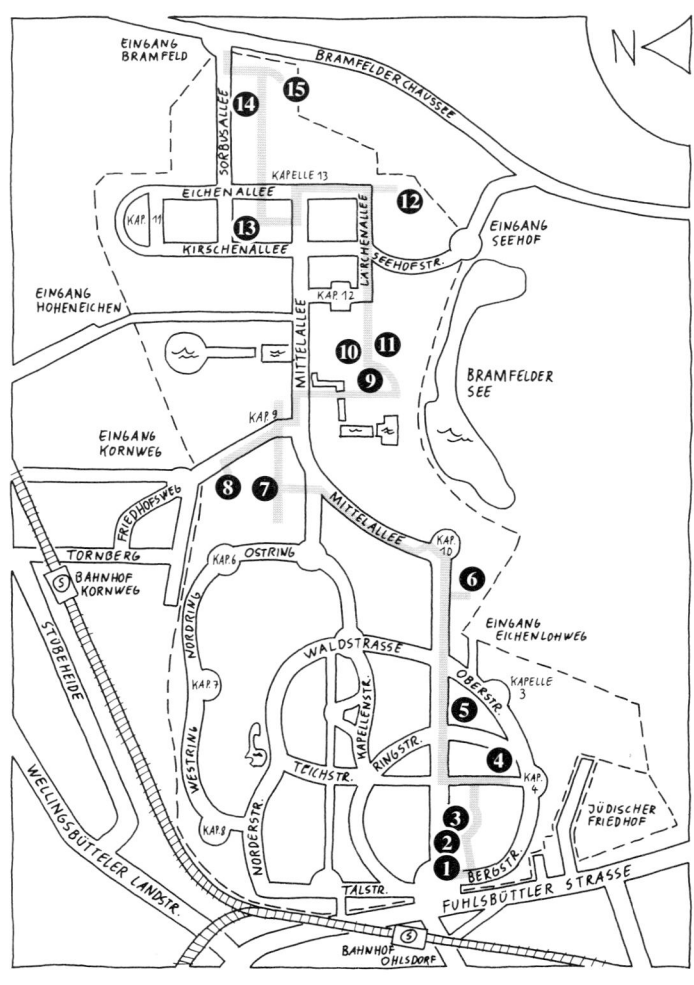

Dauer: ca. 3 Stunden
Ausgangspunkt: Verwaltungsgebäude. Ziel: Ausgang Bramfeld
Mit dieser sehr langen Führung durchquert man die ganze Fried-
hofsanlage von Westen nach Osten und trifft dabei auf die großen
gemeinschaftlichen Grabanlagen für die Opfer von Katastrophen,
Revolution, Krieg und nationalsozialistischer Terrorherrschaft.

Der Ohlsdorfer Friedhof birgt nicht nur eine Vielzahl von Grabstätten einzelner Persönlichkeiten und Familien, die in Hamburg
gelebt haben, sondern auch eine Reihe von großen gemeinschaftlichen Grabanlagen. Der Besuch dieser Stätten gleicht einem
Gang durch die Hamburger Geschichte, in der sich oftmals die
deutsche Geschichte und damit verbunden weltgeschichtliche
Ereignisse auf eine ganz eigene Weise widerspiegeln. Denn hier
auf dem Friedhof wird nicht der Sieger gedacht. Hier ist die Seite
der Verlierer: derjenigen, die sich für eine Sache eingesetzt haben,
die vielleicht dafür mit all ihrer Kraft kämpften und dabei ihr
Leben ließen. Hier ist aber auch der Ort der Erinnerung an die
unschuldigen Opfer, die durch Krieg und Gewalt ihr Leben
verloren. Nirgendwo sonst in der Stadt wird an jeden einzelnen
Menschen, der auf den Schlachtfeldern des Krieges, als Bombenopfer, unterdrückt von Gewaltherrschaft und Terror oder zufällig
bei Straßenkämpfen und Unruhen umkam, so eindringlich erinnert wie hier auf dem Friedhof, wo für sie alle Gräber angelegt
worden sind und ihre Namen, so weit man sie kennt, in Stein
gemeißelt überliefert werden. Von der gesamten Friedhofsfläche
von etwa 400 ha nehmen diese Grabstätten immerhin 12 ha ein.
Bevor die eigentliche Führung beginnt, soll hier zuerst auf das
Mahnmal für die Opfer nationalsozialistischer Verfolgung einge-
gangen werden, das 1949 gegenüber dem Neuen Krematorium
eingeweiht wurde (s. S. 38). „Unrecht brachte uns den Tod,
Lebende bedenkt eure Pflicht" und „Gedenkt unserer Not, bedenkt unseren Tod. Den Menschen sei Bruder der Mensch"
mahnen Inschriften auf beiden Seiten. Der Sinn des Denkmals läßt
sich daraus nur andeutungsweise erschließen, wenn man nicht um

KZ-Opfer-
Mahnmal

den Inhalt der großen Steinurnen weiß. Denn die hohe, leicht gewölbte Steinwand des Architekten Heinz Jürgen Ruscheweyh enthält in ihren 105 Urnen Aschenreste und Erde aus ebensovielen Konzentrationslagern und Haftanstalten der Nationalsozialisten. Weitere 29 Urnen aus 26 Lagern wurden vor dem Denkmal beigesetzt. Besonders die Vereinigung der Verfolgten des Naziregimes (VVN) hatte sich für seine Errichtung eingesetzt. Allerdings gab es Stimmen, die einen Platz in der Stadtmitte für angemessener hielten als weit abgelegen auf dem Ohlsdorfer Friedhof. Die politische Stimmung der Nachkriegszeit wird blitzlichtartig von der Tatsache zweier Einweihungsfeiern für dieses Mahnmal erhellt: Der Hamburger Senat ließ seine offizielle Einweihungsfeier fünf Tage vor dem Befreiungstreffen deutscher Widerstandskämpfer stattfinden, das von der VVN organisiert worden war.

Gleich am Anfang der Berg-Straße liegt auf der linken Seite eine Grabstätte mit mehreren Reihen einfacher Kissensteine. Im Hintergrund stehen auf gemeinsamem Sockel zwei glatte Säulen, deren breites Gebälk die Inschrift trägt: „Den Gefallenen der Revolutions-Jahre 1918–1920" <L 5>. Der Baudirektor Fritz Schumacher hat dieses Denkmal 1920 entworfen. Aber wer waren die Gefallenen, die hier beerdigt sind?

Revolutions-
opfer 1

Es war Anfang November 1918 in den letzten Tagen des Ersten Weltkrieges, als sich in Hamburg Gerüchte über den Matrosenaufstand in Kiel verbreiteten. Wenig später erreichte die Revolution auch die Hansestadt. Es kam zu schweren Unruhen, Ausschreitungen und Plünderungen. Vierzehn Menschen kamen dabei um, von denen man bei ihrer Beisetzung in Ohlsdorf nicht einmal wußte, ob sie Gegner oder Befürworter der Revolution gewesen waren. Ein Arbeiter- und Soldatenrat bildete sich und übernahm mit der Absetzung von Senat und Bürgerschaft die Macht, die er bis zum März 1919 behielt, als sich eine unter demokratischen Bedingungen neu gewählte Bürgerschaft konstituiert hatte.

Noch während man im folgenden Jahr über die Aufstellung eines Denkmales nachdachte, kam es zum „Sülze-Skandal". Helmut Warncke, ein Zeitzeuge, erzählt, wie damals, als er ein kleiner Junge war, fast jeder in den Mietshäusern der Arbeiterviertel mindestens einen Stallhasen auf dem Dachboden, auf dem Balkon oder im Keller mästete. Fleisch war rationiert, und die Mengen, die man bekam, waren nicht der Rede wert. Zusätzlich gab es aber in den Geschäften Kaninchenwurst und Sülze in großen Mengen ohne Marken. Allerdings munkelte man, daß damit etwas nicht stimmen könne. Als im Sommer 1919 im Betrieb des Sülzefabrikanten Jakob Heil in der Großen Reichenstraße tatsächlich verfaulte Tierkadaver in der Sülze gefunden wurden, kam es zu offenen Unruhen. Heil wurde von empörten Arbeitern verprügelt und in die Alster geworfen. Weitere Fabriken wurden untersucht. Arbeiter, die von ihrem Chef Schweigegeld bekommen hatten, mußten auf einen Blockwagen steigen und auf dem Rathausmarkt unter dem Gejohle der Menge von ihrer eigenen Sülze essen. Die Empörung richtete sich besonders gegen das Kriegsversorgungsamt. Als der gewählte Senat gegen die Unruhen nicht mehr ankam, schickte der sozialdemokratische Reichswehrminister Noske eine Truppe unter dem berüchtigten General von Lettow-Vorbeck zur Hilfe. Er ließ in die Menge schießen. 62 Menschen starben. Über 100 wurden verletzt. Zwischen dem 30. Juni und dem 20. August wurden 26 Tote im gemeinsamen Grab beigesetzt. Zur „würdigen Ehrung der für die Allgemeinheit gefallenen oder umgekommenen Mitbürger" plante man jetzt das Denkmal, als die Straßenkämpfe des Kapp-Putsches erneut Opfer forderten. Erst im November 1920 wurde das Denkmal feierlich übergeben. In den folgenden Jahren überstand es zwei Sprengversuche. Ende 1933 ließen es die Nationalsozialisten beseitigen und löschten damit die Erinnerung an die Vergangenheit aus. Die beiden Säulen wurden allerdings sorgfältig eingelagert. Kurz nach dem Zweiten Weltkrieg konnten sie wiedererrichtet werden. So hat dieses Denkmal eine eigene Geschichte, in der sich die an politischen Auseinandersetzungen reiche Zeit von 1918 bis 1945 widerspiegelt.

Nicht verhehlt werden soll, daß die Nationalsozialisten ebenfalls einen Ehrenhain für ihre „Kämpfer" auf dem Ohlsdorfer Friedhof herrichteten, den man nach dem Krieg dem Erdboden gleich machte.

Ein Stück weiter biegt ein Weg nach links ein, gekennzeichnet durch das Hinweisschild „Ehrenhain". Nach einigen Schritten liegt links eine Grabanlage, deren Eingangsmauer die Buchstaben „Ehrenhain Hamburger Widerstandskämpfer 1933–1945" <L 5> trägt. Unter großer Anteilnahme der Hamburger Bevölkerung wurden 1946 die Urnen von 27 Widerstandskämpfern aus dem Rathaus hierhergebracht und feierlich bestattet. Später wurde die Anlage mit der kleinen Bronzefigur, der Stirnmauer und den Worten des 1943 in Berlin hingerichteten tschechischen Widerstandskämpfers Julius Fučik ausgestaltet: „Menschen, wir hatten euch lieb, seid wachsam". Auf den beiden Reihen mit Kissensteinen sind die Namen von Antifaschisten zu lesen, die in der Mehrzahl 1944 in Berlin hingerichtet worden sind. Hier sind auch die Aschen der ersten vier Opfer der NS-Justiz in Deutschland bestattet: Die Arbeiter August Lütgens, Bruno Tesch, Karl Wolff

Widerstands-
kämpfer 2

und Walter Möller, die am 1. August 1933 in Altona hingerichtet wurden. Bekannt wurde die Gruppe um Bernhard Bästlein, Franz Jacob und Robert Abshagen, die mit vielen anderen den Widerstand besonders in Großbetrieben Hamburgs und Berlins organisieren konnten. Mit der Verteilung illegaler Flugblätter, Rüstungssabotage, Kampagnen für schlechtes Arbeiten und Solidaritätsaktionen für ausländische Zwangsarbeiter kämpften sie gegen das Hitlerregime.

Der Weg führt weiter zu einer kreisrunden Grabanlage, die von einer Buchenhecke eingefaßt ist. In der Mitte steht eine junge Blutbuche, deren Vorgängerin dieser Grabstätte ihren Namen gegeben hat. „Revier Blutbuche" wird diese Ehrengrabstätte der Polizei <K 7/L 6/L 7> bezeichnet. Sie wurde 1923 angelegt, als die Inflation bereits galoppierte. Die Zahl der Arbeitslosen war auf ca. acht Millionen gestiegen. Ihre Lage war verzweifelt. Immer wieder kam es zu Hungerunruhen und Plünderungen. Im August 1923 wurde der Generalstreik ausgerufen. Die deutschnationale Regierung Cuno stürzte. Die Werft Blohm & Voß in Hamburg sperrte ihre streikenden Arbeiter aus. Die anderen Werften folgten. Am 23. Oktober brach ein von Kommunisten geplanter Aufstand los. Polizeiwachen wurden überfallen. Es wurde geschossen. Gepanzerte Fahrzeuge rückten an. Der Aufstand scheiterte. Vierzehn Polizisten, die bei den Kämpfen getötet worden waren, wurden in Ohlsdorf in Ehrengräbern bestattet. Fritz Schumacher und der Bildhauer Richard Kuöhl gaben der Anlage die heutige Form. Polizeibeamte, die im Dienst umgekommen sind, erhalten hier noch heute ein ehrenvolles Begräbnis.

Polizei-
3 gräber

Man geht geradeaus weiter an der Südseite des Südteiches entlang – rechts liegt das Cordesdenkmal –, bis man rechts in der Ferne die Kapelle 4 sieht, zu der man abbiegt. Vor ihr steht auf einem breiten Rasenstreifen das hohe Denkmal des Vereins der Hanseatischen Kampfgenossen von 1813/1814 <G 12>. Patriotische Hamburger hatten sich 1813 zum Kampf gegen die französische Besatzung zusammengetan und sich als „Hanseatische Bürgergarde" den russischen Truppen angeschlossen. Nach dem endgültigen

Hanseatische
Kampf-
4 genossen

Abzug der Franzosen zog man am 31. Mai 1814 in die befreite Stadt ein. Die Bürgergarde hielt über die Kampfzeit hinaus zusammen und gründete den Verein der Hanseatischen Kampfgenossen. Für die Mitglieder erwarb man ein gemeinschaftliches Grab auf dem St. Maria-Magdalenen-Kirchhof vor dem Dammtor, wo 1832 das Denkmal errichtet wurde. Der hohe, klassizistische Zippus wurde 1924 nach Ohlsdorf übertragen.

Man geht von hier aus zurück und weiter geradeaus bis zur Cordesallee, in die man nach rechts einbiegt. An der Ringstraße steht ein Gärtnereigebäude, das noch heute „Schwarze Bude" heißt. Ein Vorgängerbau diente den Friedhofsarbeitern im August 1892 als Unterkunft. Etwas weiter östlich befinden sich jene Grabfelder, in denen die über 8000 Toten beerdigt wurden, die bei **Choleraopfer 5** der letzten großen Choleraepidemie in Hamburg 1892 starben <O 18-20/L, M 18–20>. Damals war der neue Friedhof in Ohlsdorf 15 Jahre alt. Die in Belegung befindlichen Grabfelder reichten an die geplante und als Redder schon bestehende, spätere Cordesallee heran. Gerade wurden die Beerdigungsflächen südlich der Cordesallee hergerichtet. Der Sommer war ungewöhnlich heiß. Die Elbe führte Niedrigwasser, in den Fleeten faulten die Abfälle im Schlamm. Bei Flut wurde der ganze Unrat bis nach Rothenburgsort zur Schöpfstelle der Stattwasserkunst geschwemmt. Von dort wurde das Elbwasser ungefiltert als Trinkwasser in die Häuser gepumpt. Über den Hafen wanderten 1892 mehr als 100000 Menschen nach Amerika aus. Viele von ihnen kamen aus Rußland, wo im Frühjahr eine Choleraepidemie herrschte. Am 17. August wurde ein erster Cholerapatient in das Eppendorfer Krankenhaus eingeliefert. Doch unterdrückte man die Gerüchte vom Ausbruch der Seuche so lange es irgend ging. Erst sechs Tage später wurde die Bevölkerung gewarnt und über die nötigen Verhaltensmaßregeln belehrt.

Besonders die Armen, die unter elenden Lebensbedingungen in Hamburg wohnten und arbeiteten, waren von dieser Epidemie betroffen. Etwa die Hälfte der Erkrankten starb. In Ohlsdorf herrschte „Hochbetrieb". Der Friedhofsdirektor beschäftigte

DIE CHOLERA FORDERTE
1892
MEHR ALS 8500 OPFER.
DIE MEISTEN WURDEN
HIER BEGRABEN.

VERANTWORTUNG FÜR
DIE UMWELT UND IHRE
LEBENSQUELLEN SEI
UNS IHRE MAHNUNG.

PATRIOTISCHE
GESELLSCHAFT VON 1765
IM SEPTEMBER
1992

Gedenkstein für die Opfer der Cholera 1892

zeitweise über 300 Mann, um die – zum Teil nachts in Möbelwagen hinaustransportierten – Toten zu begraben. Noch der spätere Umgang mit diesen Gräbern ist bezeichnend für das Versagen des sozialen Gewissens, das zum Ausbruch und Wüten der Seuche geführt hatte: Die meisten Toten wurden im Allgemeinen Grab oder Reihengrab beerdigt, wie damals die einfachste Grabart hieß. Die Särge wurden wie üblich in Doppelreihen nebeneinander in die Erde gesenkt. Diese Gräber waren nicht verlängerbar. Nach Ablauf der gesetzlichen Ruhezeit wurden sie aufgehoben und in den 60er Jahren mit einem Urnengrabfeld neu belegt. Niemandem fiel es ein, mit einem Denkmal an die Seuche zu erinnern, deren furchtbare Folgen doch gerade in diesen Gräbern in aller Deutlichkeit sichtbar war. Erst 1992 hat die Patriotische Gesellschaft einen Gedenkstein aufstellen lassen, der direkt an der Cordesallee steht.

Bombenopfergrab von 1940 6

Auf ihr überschreitet man in Höhe des ehemaligen Wasserturms die Grenze zum neueren Teil der Friedhofsanlage. Auf der Mitte zwischen Wasserturm und Kapelle 10 liegen rechterhand die ersten Grabstätten, die in Hamburg ab 1940 für Bombenopfer eingerichtet worden sind <H–M 31/K–N 27–28>. Das lange Feld enthält etwa 1000 Gräber. Eine eiserne Dornenkrone mit dem Datum „1940–1945" ist das einzige – schwer verständliche – Zeichen, das den Besucher an die Bombennächte des Krieges erinnert. Direkt hinter der Kapelle 10 befinden sich weitere Bombenopfergräber.

Deutsche Soldatengräber 1914–1918 7

Geht man auf der Straße weiter, die – jetzt als Mittelallee – bei der Kapelle 10 nach links abbiegt, so erreicht man bei der Einmündung der „Krieger-Ehrenallee" das ältere Soldatengrabfeld des Friedhofes mit 3150 Gräbern für die Gefallenen des Ersten Weltkrieges 1914–1918 <W, X, Y 33–37>. Auf der Rasenfläche in der Mitte steht die sog. Kriegertanne, eine hohe Fichte. Einheitliche Reihen schlichter, kleiner, jeweils etwas unterschiedlich gestalteter Sandsteinstelen bezeichnen die Gräber. Im nördlichen Bereich wurden bereits kurz nach Kriegsbeginn Opfer aus den Lazaretten bestattet, noch bevor die Planung für das 1913 erworbene Gelände offiziell festgelegt worden war. Dort liegt auch eine große runde Sandsteinplatte mit der Inschrift „Fern der Heimat/ruhen hier/6 Serben, 6 Polen, 2 Rumänen, 1 Franzose, 230 Russen". Erst in neuerer Zeit kam die Plastik hierher, die am Rand aufgestellt ist. Vor einem roh behauenen Kreuz sitzt ein Soldat mit Pickelhaube. Diese Figur stammt von einem Familiengrab, wo sie als Grabmal für zwei 1914 und 1916 gefallene Söhne aufgestellt worden war. Ein steinerner Kamerad ist zu dem christlichen Kreuz gekommen, um es zu bekränzen, und hat sich trauernd am Grab niedergelassen, in Nachsinnen versunken. Eindringlicher als andere Dokumente führen die langen Reihen der Soldatengräber die Dimension des Krieges als „organisierter Tod" vor Augen, wenn man an ihnen entlanggeht und Namen und Daten auf den einzelnen Grabmalen liest, die jedes für sich für das unwiederbringliche Leben eines jungen Menschen steht.

Geht man von der Krieger-Ehrenallee aus durch die langen Grabreihen, so führt in der Mitte ein Weg nach rechts zu dem von einer hohen Hecke eingefaßten Bereich der Deutschen Soldatengräber von 1939–1945 <AA 40–41, Z 40–41> mit schlichten Kissensteinen für die Namen der Toten. Auch die schlichten, roh behauenen Kreuze zu beiden Seiten der Straße sind Grabmale. Neuere Forschungen haben allerdings ergeben, daß hier nicht nur Gefallene begraben wurden. „Neben Kriegsfreiwilligen und SS-Führern sind hier auch NS-Gegner bestattet worden", die allerdings zum Teil erst nach dem Krieg, als Grabstätten eingeebnet wurden, von der Friedhofsverwaltung hierher umgebettet wurden.

Deutsche Soldaten-gräber
7 1939–1945

In der Mitte dieser zweiteiligen Anlage steht in der Achse der Linneschen Teichpartie der Rundtempel, der als Ehrenmal für die Gefallenen des Zweiten Weltkrieges <BN 54–55> im September 1953 eingeweiht wurde. Der ehemalige Altonaer Bausenator und Architekt Gustav Oelsner – seine Grabstätte liegt wie erwähnt auf dem Althamburgischen Gedächtnisfriedhof – hat es entworfen. (Er war 1949 aus seinem türkischen Exil zurückgerufen worden.) Acht wuchtige Säulen sind tempelartig um die kreis-

Ehrenmal für die Gefallenen 1939–1945

förmige Zelle des Gebäudes angeordnet. An den Wänden des kleinen Innenraums sind auf der einen Seite trauernde Soldaten, auf der anderen Seite Frauen und Kinder dargestellt. Die Inschriften betonen den Charakter dieser Anlage, die nach dem Zweiten Weltkrieg nicht mehr – wie in den 20er Jahren geplant – als „Heldengedächtnishalle" gebaut werden konnte, sondern den Gefühlen von Trauer und Erinnerung Raum gab: „1939 – Sonne und Sterne seht ihr nicht mehr, Ihr Geopferten, aber Ihr lebt in den Herzen derer, die glauben – 1945" und „1939 – Ihr findet sie, wo ihr nach ihnen fragt, im Osten gefallen im Westen beklagt – 1945". Unter der Bronzeplatte im Boden liegt das Ehrenbuch mit den Namen von 2330 Gefallenen.

Man kann hier den Friedhof über den Ausgang Kornweg verlassen, zu dem die Straße an der als „Notkapelle" erbauten Kapelle 9 entlang führt. Biegt man nach der Kapelle in den ersten Weg nach links ein, so findet man dort die Grabanlage für 384 sowjetische Soldaten <Ac–Ad 38>, die als Kriegsgefangene in deutschen Lagern starben.

Sowjetische Soldatengräber 8

Wenn man den Weg fortsetzen will, so folgt man der Mittelallee bis zu dem zweiten Weg, der nach rechts abgeht. Er führt leicht abwärts und geht geradeaus durch ein typisches Grabfeld der 20er und 30er Jahre, dessen Mittelbereich heute noch von Hecken eingefaßt und mit einem Brunnen versehen ist. Dort sind einige typische Grabmale der Zeit museal neu aufgestellt worden. Der Weg führt zur Blutbuchenallee weiter, vor der auf der linken Seite das gemeinsame Grab für die Opfer der Avaré-Katastrophe <Bi 57> an seinem breiten, in Hecken eingebetteten Stein zu erkennen ist. 26 Mann der Besatzung und 7 Werftarbeiter ertranken, als im Juli 1922 der brasilianische Frachtdampfer „Avaré" beim Ausdocken kenterte. Folgt man der Blutbuchenallee nach links, so erreicht man kurz vor einem länglichen Rasenplatz die Grabstätte der Deutschen Seemannsmission <Bi 58, 1–88, 188–292>, die 1936 für Seeleute eingerichtet wurde, die einsam in Hamburg starben. Rechts und links von dem Rasenplatz liegen zwei große Grabfelder, die sich durch die gleichartigen Grabsteine und den

Avaré-Katastrophe 9

Seemannsmission 10

gepflegten Rasen als Britischer Soldatenfriedhof <Bi–Bk 59/Bl 58> zu erkennen geben. Das Hochkreuz rechts steht am Eingang zu 676 Gräbern von Gefallenen des Ersten Weltkriegs. Links befinden sich 1 837 Gräber aus dem Zweiten Weltkrieg, deren Eingang von zwei kleinen Gebäuden bewacht wird. Dort werden die Namenslisten der Gefallenen aufbewahrt. Die schlichten Stelen aus Portlandstein tragen unter dem jeweiligen Regimentswappen

Britische Soldaten-friedhöfe 1914–18 u.

11 **1939–45**

Namen und Lebensdaten des Toten. Nicht nur im Kampf fielen britische Soldaten im Zweiten Weltkrieg, viele von ihnen starben in der Kriegsgefangenschaft und in den Lazaretten. Abgeschossene Bomberpiloten und Besatzungsmitglieder wurden in das Konzentrationslager Neuengamme gebracht, wo sie ermordet wurden.

Kapelle 12
Setzt man den Weg auf der Lärchenallee fort, so sieht man bald links die Kapelle 12 (s. S. 50) liegen; einem roten Backsteinbau mit leuchtend weiß gestrichenem Fachwerk, der 1922 erbaut wurde. Man überquert danach die Seehofstraße und geht geradeaus weiter bis zur Eichen-Allee. Dort biegt man nach rechts ein und erreicht beim nächsten Weg in dem Grabfeld auf der rechten Seite die

Jüdische Verfolgte des National-sozialismus 12
heutige Ehrenanlage für jüdische Verfolgte des Nationalsozialismus <Bi 68>; schlichte Grabreihen zwischen zwei Hecken, die durch einen quadratischen Gedenkstein mit der Inschrift „Hier ruhen jüdische Mitbürger, die durch Krieg und Gewaltherrschaft ums Leben kamen." bezeichnet sind. Auch im Umfeld liegen weitere Urnengräber jüdischer Mitbürger. Auf dem Jüdischen Friedhof fanden ab 1941 kaum noch und nach 1943 überhaupt keine Beerdigungen mehr statt. 1941 hatten die Deportationen in Vernichtungslager begonnen. Jüdische Opfer der Gewaltherrschaft wurden in den Jahren 1941 bis 1943 hier – an der Ostgrenze des Friedhofsgeländes – bestattet. Die zahllosen nichtjüdischen Opfer nationalsozialistischer Brutalität wurden noch weiter östlich, dicht bei dem heutigen Ausgang Bramfeld bestattet. Damals lag dieses Gelände noch brach und war weit von allen benutzten Friedhofsbereichen entfernt.

Katholische Brüderschaft

Bombenopfer-grab von 1943 13
Zurückgekehrt zur Eichen-Allee führt die Straße zur Kapelle 13 (s. S. 156) (dahinter liegt übrigens die im vorhergehenden Rundgang erwähnte Grabstätte der Katholischen Brüderschaft, s. S. 156), von der man über die Mittelallee den von zwei hohen Pfeilern bezeichneten Eingang zu der großen Bombenopfergrabstätte <Bo 66> (s. S. 53) erreicht mit ihrem zentralen Mahnmal von Gerhard Marcks. Unter vier breiten, kreuzförmig angelegten Rasenstreifen liegen hier in Massengräbern die Opfer des „Hamburger Feuersturms",

der Bombennächte von Ende Juli bis Anfang August 1943. Erstmals in der Geschichte der Bestattung in Ohlsdorf konnte nicht mehr jeder einzelne Tote registriert und in seinem eigenen Grab beerdigt werden. 36 918 Opfer wurden gezählt. Die Querbalken auf den Rasenflächen tragen die Namen der Stadtteile, aus denen die Toten auf Lastwagen angeliefert wurden. Wegen drohender Epidemien wurden sie, ohne identifiziert werden zu können, so schnell wie möglich in großen Gruben bestattet. 80 ausländische Zwangsarbeiter und politische Häftlinge waren zu dieser Arbeit abkommandiert. Die Grabanlage für „die Opfer des feindlichen Terrors" wurde schon ein Jahr später offiziell eingeweiht. Zwei Jahre nach Kriegsende schrieb man einen Wettbewerb zur Neugestaltung aus. Der kubische Bau des Mahnmals entstand, dessen Pforte den Blick auf ein großes Relief im Inneren freigibt. Marcks griff damit nach eigener Aussage auf vorchristliche Todesauffassungen zurück. Dargestellt ist der griechische Totenfährmann Charon, der mehrere Personen – Vater, Brautpaar, Mutter und Kind, Großvater – als Stellvertreter der Bombenopfer übersetzt. Charon ist mit harten und grausamen Zügen dargestellt und soll damit Gleichgültigkeit und organisierten Massenmord personifizieren. In den Insassen des Kahnes aber sah Marcks das trotz allem unberührte Menschliche.

Über den rechten Kreuzarm (wenn man vor dem Mahnmal steht) geht man weiter und überquert die Eichen-Allee, um den Weg in gleicher Richtung fortzusetzen. Er führt zu dem riesigen Gelände mit den Gräbern der Opfer der Nationalsozialistischen Terrorherrschaft <BP 73–74/Bo 74>. Noch heute weiß man nicht genau, wie viele Tote in diesem Bereich wirklich bestattet worden sind. Hier wurden seit 1933 die in Fuhlsbüttel und Neuengamme umgebrachten Häftlinge verscharrt. Es gibt einen Beleg, daß noch im März 1945 „reichsdeutsche KZ-Häftlinge" hier begraben wurden. Nach Kriegsende setzte man die Überreste von 1303 KZ-Opfern, 1486 zwangsverschleppten Zivilisten und 925 Aschen anderer Opfer bei. Das heißt, daß hier die Gräber der meisten in Hamburg durch Hunger, Terror und Bomben ermordeten aus-

Opfer der Nationalsozialistischen Terror- **14** **herrschaft**

ländischen Zwangsarbeiter sowie der deutschen KZ-Häftlinge liegen. Ein Kapitel der deutschen Geschichte, daß noch lange nicht aufgearbeitet ist.

Nur ein einfacher quadratischer Gedenkstein trägt die Namen der 28 Nationen, aus denen die Ermordeten kamen, zusammen mit dem wenig aussagekräftigen Text „Fern der Heimat ruhen hier Kriegstote aus 28 Nationen". In den 70er Jahren gestaltete die Friedhofsverwaltung diesen Bereich mit einer Steinwand und der Inschrift aus: „Unsere Verpflichtung: Versöhnung und Frieden." Innerhalb dieser Anlage erinnert eine schlichte Stele an den Tod von 140 jungen, ukrainischen Zwangsarbeiterinnen, die in dem Valvo-Werk in der Stresemannallee in Eimsbüttel arbeiten mußten. Sie wurden Ende 1942 aus ihrer Heimat verschleppt. Viele ihrer Familienangehörigen waren ermordet worden. Sie wohnten zunächst in Kellerräumen, später in einem eingezäunten Barakkenlager. Bei Luftangriffen durften sie nicht in den Bunker, sondern mußten in Splittergräben Schutz suchen. Am 18. Juni 1944 fielen die Bomben direkt in ihre Gräben.

Für die polnischen Zwangsarbeiter, deren Gräber 1959 hierher verlegt wurden, hat der Verein der Polen in Hamburg „Zum Andenken an die in der Fremde verstorbenen Landsleute 1939–1945" ein großes Holzkreuz aufgestellt.

Der Ehrenfriedhof für die niederländischen Opfer des NS-Regimes wurde Anfang der 50er Jahre angelegt. In dem kleinen Schutzhaus stehen die Namen der Ermordeten auf drei Tafeln. In der Mitte wurde ein Gedenkstein, im Eingangsbereich eine Bronzeplastik von Cor Kralingen aufgestellt. Von hinten getroffen sinkt ein nackter Jüngling sterbend zusammen.

In dem düsteren Kapitel deutscher Geschichte, an das diese Grabstätten in einer so eindringlichen Deutlichkeit erinnern wie nur noch in den Konzentrationslagern selbst, schimmert mit der **Geschwister-** Gemeinschaftsgrabstätte der „Geschwister-Scholl-Stiftung" <Bn **Scholl-Stiftung 15** 73> sozusagen ein Lichtschein auf. Kurz vor der Friedhofsgrenze führt ein Weg nach rechts. Kissensteine bezeichnen die einzelnen Gräber. Ein Obelisk aus hellem, roh geglättetem Stein, dem an einer Seite eine tiefe Schrunde geschlagen worden ist, trägt die Lebensdaten der Geschwister Scholl, die hier stellvertretend für den Widerstand gegen die Nationalsozialisten genannt sind. Die Inschrift nennt die Intention, mit der diese Grabstätte eingerichtet wurde: „Um Männer und Frauen zu ehren, die unter national-sozialistischer Verfolgung schwer gelitten haben, hat ihnen die Geschwister-Scholl-Stiftung hier eine gemeinsame letzte Ruhe-stätte bereitet."

Den Ausgang Bramfeld erreicht man von hier, indem man sich wieder zurückwendet und geradeaus durch das große Gräberfeld der Opfer der Nationalsozialisten hindurch zur Sorbus-Allee weitergeht.

13. Unser Lieblingsspaziergang

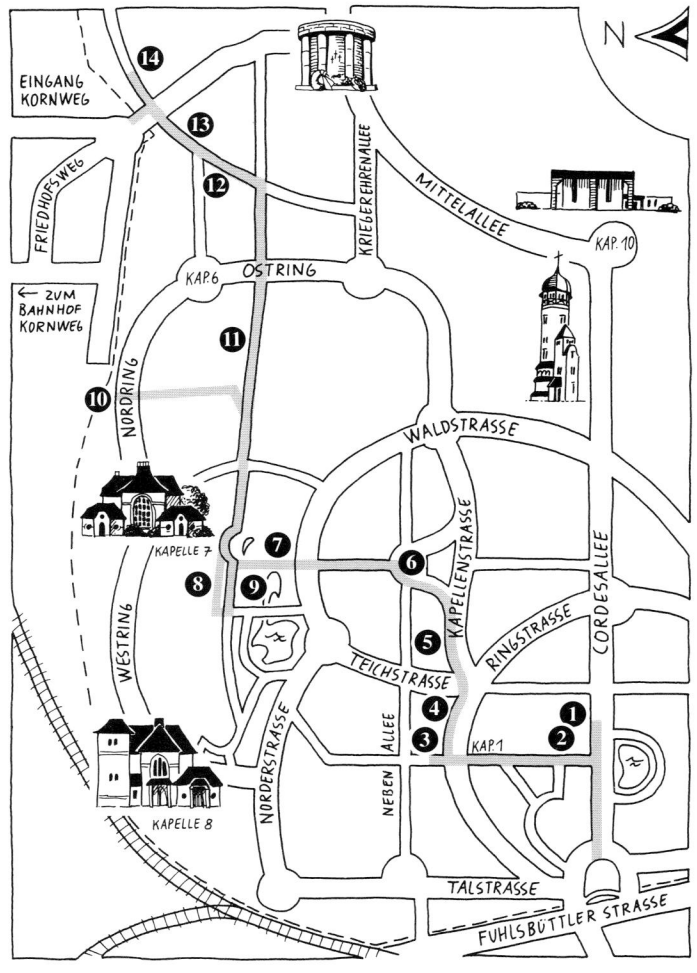

Dauer: ca. 2 Stunden

Ausgangspunkt: Haupteingang, Ziel: Ausgang Kornweg

Diese Führung enthält sozusagen von jedem etwas. Vom Haupt-
eingang geht sie ein kurzes Stück entlang der Cordesallee. Quer
durch die Grabfelder kommt man zu den Kapellen 1 und 2;
durchstreift den landschaftlichen Bereich nördlich von Kapelle 2
und biegt in einen von hohen Bäumen begleiteten Weg nach Osten
ein. Nach einem Abstecher zu dem Wasserturm von 1912 erreicht
man den Ausgang Kornweg.

Jeder, der den Ohlsdorfer Friedhof etwas besser kennt, hat seine
eigenen Wege und Anlagen, die er immer wieder gern besucht. So
geht es natürlich auch uns, den beiden Autoren dieses Führers. Wir
haben uns deshalb entschlossen, auch unseren Lieblingsweg mit-
aufzunehmen. Er bietet sozusagen von jedem etwas: idyllische
Parkpartien, geschichtliche Aspekte der Anlage, interessante
Grabmäler und berühmte Namen werden gestreift.

Der Weg führt vom Haupteingang auf der linken Seite der
Cordesallee zunächst bis zur Höhe der Treppen- und Brunnenan-
lage. Schon hier kommt man an einer Reihe großer Grabmalplastiken vorbei. Dieser Bereich bildet das „Titelblatt" der Friedhofsanlage. Der Cordesbrunnen ist sozusagen seine gartenkünst-   **Cordesbrunnen**
lerische Krönung.

Bevor man dorthin abbiegt, lohnt sich ein Abstecher. Etwas weiter geradeaus steht links der Margarethenbrunnen, über dessen Schale sich ein hoher, reichverzierter „Käfig" aus Schmiedeeisen wölbt. Ein vergoldeter Vogel Phönix – Symbol der Unsterblichkeit und Auferstehung – bekrönt ihn. Namensgeberin des Brunnens ist die Ehefrau des Kunstschmiedes Eugen Christ, der ihn für die Internationale Gartenbauausstellung 1953 unter großem finanziellem Aufwand schuf. Seine Frau mußte deswegen ihren Schmuck verkaufen. Einige Jahre später erwarb die Stadt das Werk von dem hochverschuldeten Künstler und stellte es hier auf. Die Schmiedearbeit läßt orientalischen Einfluß erkennen. Christ hatte zeitweise am Hof des Schahs von Persien gearbeitet.

Margarethenbrunnen *1*

Von der Treppe führt der Weg in Richtung auf Kapelle 1. Nach wenigen Schritten sieht man rechts auf der Ecke eine weiße Marmorstele mit dem Porträtrelief von Otto Witte (1872–1958) <Q 9>, der um 1900 als Schauspieler durch die Lande reiste. Als Albanien 1913 seine Unabhängigkeit von der Türkei erhielt, war er gerade in dieser Gegend und wußte, daß man in Tirana auf einen türkischen Prinzen wartete, der den Thron besteigen sollte. Es heißt, daß er kurzentschlossen telegrafisch seine Ankunft als Kronprinz ankündigte und in einer Phantasieuniform als Otto I. gekrönt wurde. Er soll übrigens als erstes die Truppe und die Haremsdamen auf sich vereidigt haben. Als der Schwindel kurz darauf aufflog, soll er als Bettler verkleidet aus dem Palast geflohen sein. Fortan durfte er sich als „Ex-König Otto I. von Albanien" bezeichnen; ein Titel, den man auch auf seinem Grabstein lesen kann.

Witte *2*

Die Kapelle 1 wurde in den 60er Jahren erbaut. An der gleichen Stelle stand seit 1879 ein provisorischer Holzbau, da hier inmitten von Knicks und Weiden weit außerhalb der damaligen Stadt das erste Grabfeld eingerichtet worden war. Auf dem Weg, der gegenüber der Kapelle von der Straße abgeht, steht unter hohen Buchen das Denkmal für die Zuerstbeerdigten <U 9>. Damit ist die Stelle bezeichnet, an der am 1. Juli 1877 eine Tischlersfrau und zwei Arbeiter feierlich bestattet worden sind. Anfangs wurden in Ohls-

Kapelle 1

Denkmal für die Zuerstbeerdigten *3*

Margarethenbrunnen von Eugen Christ, 1953

dorf nur Tote aus den öffentlichen Anstalten beigesetzt. die sog. Armenleichen. Erst zwei Jahre später wurden Grabstätten verkauft. Das erste Grabmal, das auf dem Friedhof aufgestellt wurde, steht gegenüber der Kapelle auf dem Grab des Bauern Schwenn, dem das Land vorher gehörte.

Rolfing *4*

Auf der Kapellenstraße geht man weiter zu dem kleinen Grabtempel des Mediziners Dr. Rolfing <T 12>. In der offenen Halle steht ein italienischer Marmorengel, dessen Oberfläche im Laufe der Zeit schwarz geworden ist. An ihm läßt sich der Verfall deutlich ablesen, dem sogar ein so hartes Gestein wie Marmor heute ausgesetzt ist. Unter den Abplatzungen der Oberfläche wird der Stein, der sich von innen her auflöst, wie feines Salz sichtbar.

Der Bereich um und hinter diesem Grabmal wurde als erste Fläche des Friedhofes für Gräber „Auf Friedhofsdauer" ausgewiesen; eine Überlassungsart, die es heute nicht mehr gibt. Sie wurde eingeführt, weil die Bürgerschaft die Möglichkeit forderte, in bestimmten Bereichen die Toten auf Dauer ungestört ruhen zu lassen – ebenso wie es die Juden aus religiösen Gründen für ihren Friedhof erreicht hatten. Wie in vielen Städten Deutschlands ist auch in Hamburg 1970 ein Gesetz erlassen worden, mit dem die Ruhezeit solcher Grabstätten begrenzt wird. Geht man in dieses Feld hinein, so findet man hinter dem Grabmal Rolfing das Grabmal

Brackenhoeft *4*

von Eduard Brackenhoeft (1845-1914) <U 12>. Er war Rechtsanwalt und Vorsitzender des Feuerbestattungsvereins, der 1892 die Kremation in Hamburg eingeführt hat. Ein torartiger Jugendstilaufbau ist mit dem Relief einer Trauernden ausgefüllt.

Prähistorische
Steinkreise *5*

Nach Überqueren der Teichstraße fallen links von der Kapellenstraße unter lichten Baumkronen kreisförmig angeordnete Feldsteine auf. Sie weisen auf eine prähistorische Fundstelle hin. 1894 fand man hier bei Ausgrabungen zwei Urnen mit Leichenbrand, Tonscherben und die ringförmig gelegten Steine. Sie sind vermutlich Reste von Behausungen aus der Eisenzeit. In der Nähe wurden bei Erdarbeiten immer wieder Urnen gefunden, die zum Teil ohne Steinschutz in der Erde standen. Die nähere Umgebung der Steinkreise war offenbar das Gelände eines Urnenfriedhofes der späteren Bronze- und jüngeren Eisenzeit. An der Ausgrabung war maßgeblich der Altertumsforscher Rautenberg beteiligt, dessen Grab direkt neben den Kreisen liegt.

5 Rautenbeg

Gegenüber steht das Grabmal des Architekten Alexander Schaeffer (gest. 1890) <T 14>: eine Jugendstilherme aus rotem Sandstein, deren Frauenkopf mit Blüten bekränzt ist. Sie stammt von einem Freund des Verstorbenen, dem Bildhauer Engelbrecht Pfeiffer, der auch die Reliefs am Altbau der Kunsthalle geschaffen hat. Gegenüber sind zwei Galvanoengel aufgestellt. Geht man hier weiter auf der Kapellenstraße in Richtung auf die Kapelle 2, so findet man auf der linken Seite eine Frauengestalt an dem Grabmal Nuerck <T 15>, die in exzessivem Schmerz über einen niedrigen Stein hingeworfen trauert. In ihrer Gestalt findet sich unserer Meinung nach besonders deutlich die typische, zeitgenössisch-bürgerliche Jugendstilmischung aus erotischem Reiz und opernhafter Trauer, die die Friedhöfe des 19. Jahrhunderts mitgeprägt hat. Für uns heutige Betrachter entbehrt sie allerdings nicht ganz der Komik.

5 Schaeffer

5 Nuerck

Links der Straßengabelung in Richtung Kapelle 2 befindet sich eine weitere prähistorische Stätte. Bereits vor Anlage des Friedhofs grub man hier 1870 systematisch einen „Heidenhügel" mit dem Begräbnis eines fünfjährigen Kindes und Bronzebeigaben aus. Einige Jahre später wurden in einer anderen Kammer des Hügelgrabes eine Männerbestattung und ein Bronzeschwert entdeckt. In der näheren Umgebung sind noch weitere Grabhügel nachgewiesen, aber nicht erhalten.

Hügelgräber

Die beiden genannten Fundstellen stehen seit 1976 unter Bodendenkmalschutz.

Kapelle 2 **6** Die Kapelle 2 ist der älteste steinerne Bau auf dem Friedhof. Ihr Grundriß lehnt sich noch ganz an die von den Alten Friedhöfen her gewohnte Bauform an. Diese vereinigte am Rande der Alten Friedhöfe Zugang, Aussegnungsraum und Ausgang zum Grab in sich und hatte daher stets zwei Pforten, die eine zur Straßen- und die andere zur Friedhofsseite, um den Sarg hinein- und direkt auf den Friedhof hinaustragen zu können. Auch die Kapelle 2 hatte diese beiden Zugänge – inzwischen ist das ehemalige nördliche Tor zu einem hohen Fenster umgestaltet –, obwohl sie mitten auf dem Friedhofsgelände liegt. Das gewohnte Trauerritual sollte dadurch weiterhin ermöglicht werden. Sie wurde 1892 nach dem Entwurf von Cordes in gelblichem Ziegel mit roten Mainsandsteinbändern erbaut. Ihr Stil entspricht der Neugotik der Hannoverschen Schule.

Auf der Rückseite der Kapelle nimmt man den breiten Fußweg in Richtung Waldstraße und überquert diese. Nach wenigen Schritten ist rechts ein Denkstein besonderer Art zu entdecken: Eine Kugel lagert auf einem Quader. Er wurde 1928 zum Andenken an **Pfannenstiel/** Marie Pfannenstiel gesetzt, die eine große Goetheverehrerin war **Rogge** **7** und auf der benachbarten Grabstätte Rogge <AA 18> beigesetzt wurde. Der Stein ist in seinen Maßen, seiner Oberflächenbearbeitung, aber auch in seiner Bezeichnung als „Denkstein" völlig identisch mit dem „Stein des guten Glücks", den Goethe 1777 in seinem Garten am Stern in Weimar aufstellen ließ. Vermutlich liegt der Steinsetzung der gleiche Symbolwert von Kugel und Würfel zugrunde, den Goethe meinte: Die Gegensätzlichkeit von rastlosem Begehren und unerschütterlicher Tugend, von Wandel und Beständigkeit spiegelten sich für ihn in den beiden konträren Formen wieder.

Der Weg führt weiter geradeaus über die Wiese bis rechterhand eine feuchte Senke zu erkennen ist. Sie war einst einer der Zuflüsse zum sog. Faulen Moor, das von Cordes in eine idyllische Teichlandschaft umgestaltet wurde. Dahinter liegt auf einer leichten **Traun** Anhöhe die große Grabstätte der Familie Traun (s. S. 139). In dieser Gegend finden sich eine Reihe künstlerisch ausgeschmückter Grabmale, die zum Teil ganz versteckt in den Rhododendronnischen liegen. Nicht ganz einfach zu finden ist der flache Torbogen auf der Grabstätte Diederichsen <AC 17>, aus dem eine junge Frau die Augen beschattend heraustritt. Ihr nackter Körper wird nur halb von einem lose über die Schulter fließenden Tuch verhüllt. In der Bogennische erscheint ein bärtiger Alter, dessen geäderte Hand den Arm der Frau gepackt hat, wobei im Zweifel bleibt, ob er sie beim Heraustreten in eine unbekannte Welt stützt oder ob er sie von dieser Welt, von der sie sich mit einem letzten Blick verabschiedet, wegzerren will. Der Bildhauer Caesar Scharff

8 Diederichsen

schuf das Jugendstilgrabmal 1901 für die ihm befreundete Familie. Das Grab liegt in der dritten Nische auf der rechten Seite des Doppelweges, der die Senke mit dem „Millionenhügel" verbindet.

Bevor man auf der anderen Seite dieses Doppelweges wieder zurückgeht, kann man noch einen kleinen Abstecher zum Nordteich machen, dessen Wasserfläche an stillen Tagen im Frühjahr die üppig blühenden Rhododendren spiegelt.

Auf dem Rückweg finden sich am rechten Wegrand die schlichten Grabmale für den Schauspieler Willy Fritsch (1907–1973) <AC 16> und seine Frau, die Tänzerin Dina Grace (1916–1963), sowie kurz darauf die des Schlagerkomponisten Lothar Olias (1913–1990).

Fritsch
Grace
9 Olias

Bei der Grabstätte Traun geht man um die Senke herum und bleibt auf dem Weg, der gerade nach Osten führt. Rechts wird er bald von großen Bäumen eines alten Knicks begleitet, der in die Anlage einbezogen worden ist und maßgeblich die Grabfeldstruktur beeinflußt hat.

Genauso verhält es sich mit den beiden Knicks, die etwa in Höhe AB 25 einen nach links abzweigenden Weg – einen ehemaligen Redder – begleiten. Er führt nach Norden bis zur Friedhofsgärtnerei Klein Borstel, an deren Einfahrt linkerhand ein – inzwischen restaurierter – **Wasserturm von 1912 10** steht.

Bleibt man auf dem eingeschlagenen Weg, so liegt nach etwa 400 Metern auf der linken Seite die ehemalige Grabstätte des August-Heerlein-Stiftes <AB 27–28>, die mit einem aufwendigen Grabmal ausgeschmückt ist. Dieses Stift an der Koppel in St. Georg besteht noch heute als Wohnanlage, die ihren idyllischen Charakter mitten in der Großstadt bewahrt hat. Es wurde 1893 von Anna Elisabeth Heerlein gegründet, die mit zwanzig Jahren an einem Nierenleiden erkrankt und lebenslang an den Rollstuhl gefesselt war. Ihre Familie lebte seit dem 18. Jahrhundert vom Weinhandel und besaß in St. Georg, dort wo sich heute das Stift befindet, ihren angestammten Sommersitz. Die Freiwohnungen sollten „hiesige unbemittelte, christliche Witwen und Jungfrauen aus den gebildeteren Gesellschaftskreisen" aufnehmen, die für ihren Lebensunterhalt selbst aufkamen. Auch ihre weiteren Stiftungen – zur Unterstützung Kranker und für Künstler – ließ Elisabeth Heerlein unter dem Namen ihres Vaters eintragen. Zu seinem hundertsten Geburtstag wurde 1904 das große Grabdenkmal auf der gemeinschaftlichen Grabstätte der Stiftsdamen errichtet. Den hohen Pfeiler schmücken Bronzetafeln, die die bürgerlichen Maximen der Wohltätigkeit in ehernen Lettern verewigen. Üblicherweise ist an solchen Grabmalen das Porträt des Verstorbenen angebracht. Hier lagert vor dem Pfeiler eine junge Frau, die einen Kranz hinaufreicht. Ihr Sitz

Wasserturm von 1912 10

Heerlein-Stift 11

ist mit einem bronzenen Teppich belegt. Die mädchenhafte Bronzefigur, über deren Schultern ein delikat gerafftes, feines Hemdkleid fällt, gehört zu den zartesten Jugendstilplastiken des Friedhofes. Das Werk ist nicht signiert, doch bestehen stilistische Ähnlichkeiten mit Werken der beiden jungen Bildhauer Caesar Scharff und Arthur Bock.

Mit dem Weg überquert man den Ostring und geht geradeaus bis zu der ersten großen Kreuzung weiter, deren Querweg schräg schneidet. Dieser leicht gebogene Querweg bildete einst die Gren- **12** ze des hamburgischen Staatsgebietes zum preußischen Nachbarland. In seinem Verlauf befinden sich mehrere künstliche Hügel, die früher als Aussichtsplätze dienten, war doch die Bramfelder Feldmark lange Zeit eine freie, weit zu überblickende Landschaft. Wendet man sich nach links wird in AD 35 eine solche Aufhöhung sichtbar. Der benötigte Boden wurde aus der Vertiefung nebenan gewonnen, die zugleich – und noch heute – für die Versickerung von Regenwasser dient.

Am Ende des Weges geht man nach rechts weiter, wo ein hoher Backsteinsockel auf der Grabstätte Brückner <AD 36> steht. Er **13 Brückner** trägt einen expressionistischen Engel, der trauernd mit an der Wange gefalteten Händen am Boden kniet. Das Grabmal stammt von dem Bildhauer Richard Kuöhl und wurde 1920 geschaffen. Direkt danach biegt man nach links ab und kommt nach wenigen Schritten zum Ausgang Kornweg. Doch sollte man, bevor man den Friedhof verläßt, nicht versäumen, die Straße zu überqueren und den Weg ein Stück fortzusetzen. Gleich in den ersten Pfad biegt man nach rechts ein, denn dort steht rechterhand in der Grabreihe die breitgelagerte Ädikula der Familie Asche <AF 38, 55–8/AF 39, **14 Asche** 1–2> von 1918. Ihr kleines Relief zeigt wie auf einer Bühne den friedlichen Tod der Ehegattin und Mutter zuhause in ihrem Wohnzimmer. Noch reicht sie ihrem Gatten, der die trauernde Tochter im Arm hält, die Hand zum Abschied; da sinkt sie in ihren Korbsessel zurück und erhält von einem Engel, der mit zu Boden gesenkter Fackel hinter ihr in das Zimmer getreten ist, den Todeskuß.

14. „Haus des Lebens ·
Haus der Ewigkeit"

Der Jüdische Friedhof in Ohlsdorf

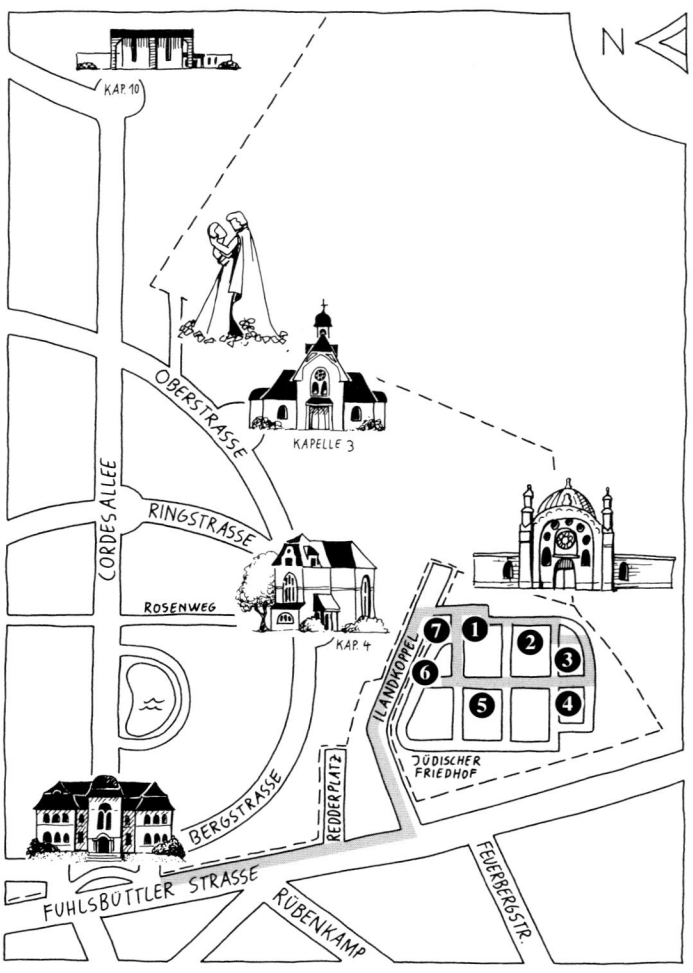

Dauer: ca. 3/4 Stunde

Ausgangspunkt und Ziel: Eingang zum Jüdischen Friedhof am Ende der Straße Ilandkoppel (Nur über die Fuhlsbüttler Straße zu erreichen!) Achtung! Der Jüdische Friedhof ist sonnabends – dem jüdischen Feiertag des Sabbats – geschlossen.

Der Jüdische Friedhof, der neben dem Hauptfriedhof Ohlsdorf als eigenständiger Begräbnisplatz eingerichtet wurde, hat aufgrund der besonderen rituellen Voraussetzungen eine eigene Geschichte. Vorbei an der Aussegnungshalle erreicht man Bereiche, in denen historische Grabmale von älteren Friedhöfen aufgestellt sind, und geht in einem großen Bogen zurück zum Eingangstor.

Direkt neben dem Ohlsdorfer Friedhof, aber heute von seinem Gelände aus nicht zu betreten, wurde am 30. September 1883 – fünf Jahre nach der Aufnahme der Beerdigungen – der jüdische Friedhofsteil an der Ihlandkoppel feierlich eröffnet. Mit Tor, Gitter und Zaun deutlich nach außen abgegrenzt, bildet dieser Friedhofsbereich einen eigenständigen Begräbnisplatz für die deutsch-israelitische (die aschkenasische) und die portugiesisch-jüdische (die sefardische) Gemeinde Hamburgs. Letztere war allerdings relativ klein. Man erreicht diesen anderen Hauptfriedhof von der Fuhlsbüttler Straße aus, wenn man südlich des eigentlichen Friedhofs in die Straße Ihlandkoppel einbiegt. An ihrem Ende befindet sich rechts das schlichte eiserne Friedhofstor. Männer sollten auf jeden Fall eine Kopfbedeckung bei sich tragen, um die Würde des Friedhofes nicht zu verletzen.

Gleich hinter dem Friedhofseingang befindet sich ein Brunnen, der einst rituellen Waschungen diente. Denn Friedhof und Tote führen für die frommen Juden zu einer rituellen Verunreinigung. Der Umgang mit den Toten unterscheidet sich in der jüdischen Kultur von den christlichen Gepflogenheiten. Der Unterschied liegt nicht im Glauben daran, daß Gott die Toten am Tage der Auferstehung wieder zum Leben auferwecken wird; auch nicht in der Vorstellung von einem Leben der Seele nach dem Tode im Angesicht Gottes, wohl aber im Respekt, der dem Körper als

Behausung der Seele gezollt wird. Die jüdische Religion gebietet, den Toten Ehre zu erweisen. Es ist Pflicht eines jeden Juden, einen Toten wenigstens ein Stück weit zu begleiten. Der Friedhof selbst muß gewährleisten, daß die Ruhe der Toten nicht gestört wird, und daß sie in geweihter Erde gebettet sind. So ist es für die Juden nicht möglich, die Gräber nach einer befristeten Zeit wieder aufzulösen. Denn das Grab gehört dem Toten und niemand anders darf davon Nutznießung haben. In äußersten Notfällen werden zwar Exhumierungen zugelassen, aber im Grunde sind sie nur erlaubt, wenn der Leichnam nach Israel überführt werden soll. Deswegen muß ein jüdischer Friedhof unveräußerlicher Besitz der Gemeinde sein. So ist der Besitz eines eigenen Friedhofes für eine neue jüdische Gemeinde wichtiger als der Bau einer Synagoge.

Nach diesen religiösen Geboten richtete man sich auch in Hamburg, als man schon 1875 den Senat um einen eigenen Begräbnisplatz in Ohlsdorf bat. Es folgten langwierige Verhandlungen, die damit endeten, daß den Juden ein Ruherecht auf Friedhofsdauer zugesagt wurde. Allerdings konnten sie zu ihrem Leidwesen das Gelände nicht kaufen. Es blieb in staatlichem Besitz. Dadurch wurden heftige Streitereien innerhalb der Gemeinde ausgelöst, die dazu führten, daß die orthodoxen Juden in Langenfelde ein eigenes Friedhofsgrundstück erwarben.

Der Gedanke, daß der Wert der Menschen nicht nur im Leben, sondern auch nach dem Tode gleich ist, bestimmt die Bestattungsgepflogenheiten der Juden. Innerhalb der Gemeinde gibt es stets eine – in Hamburg gab es im 19. Jahrhundert zwei: eine mehr orthodoxe und eine liberalere – Beerdigungsvereinigung, die aus zehn Männern bzw. bei verstorbenen Frauen aus ebenso vielen Frauen besteht. Der Mensch wird auch nach dem Tode nicht allein gelassen. Die Religion gebietet, Totenwache zu halten und dabei Psalmen zu lesen. Vor der Bestattung wird der Leichnam rituell gewaschen – Reinigung und damit Reinheit auch von menschlichen Verfehlungen sind darin symbolisch enthalten –, das schlichte Totenhemd und ein Sarg aus einfachem, unbearbeitetem Holz stehen für die Gleichheit aller Menschen.

In der Friedhofsgestaltung spiegelt sich dieser Gedanke zum Teil wieder. Man sieht keine Blumen, sondern nur Efeu und einfaches Grün auf den Gräbern. Als Zeichen für den Besuch am Grabe werden kleine Steine auf das Grabmal gelegt. In der Grabmalgestaltung allerdings hat man sich stets der Kultur angepaßt, in der man lebte. So sind zumindest die Grabmale des 19. Jahrhunderts unterschiedlich aufwendig ausgeführt. Jedoch tragen jüdische Grabmale nur ganz selten figürliche Darstellungen. Es gilt das Gebot des Alten Testamentes: „Du sollst Dir kein Bildnis machen!" Auf den Grabsteinen finden sich sowohl typische Friedhofssymbole, wie Blumen, Sanduhr und Mohnkapseln, als auch jüdische Zeichen: Davidsstern und Siebenarmiger Leuchter (die Menora) wurden von allen Juden benutzt. Die beiden gespreizten Hände – Zeichen des Segens des Rabbiners – sind auf Grabstellen von Rabbinerfamilien zu finden. Die Leviten – Nachkommen des Stammes Levi, die einst im Tempel in Jerusalem den Priestern die Hände wuschen – haben eine Schale mit einer Kanne zum Zeichen. Ein aufgeschlagenes Buch erscheint auf dem Grabmal von Rabbinern. Sie sind die von der Gemeinde berufenen Lehrer des Judentums, sind Schriftausleger und Kenner des Talmud.

Außerdem tragen die Grabmale stets zwei hebräische Buchstaben, die übersetzt „Hier ruht" oder „Hier ist begraben" bedeuten. Häufig kommt eine Folge von fünf hebräischen Buchstaben hinzu, ein Akrostichon des Satzes „Möge sie/er eingebunden sein im Bund des ewigen Lebens".

Auf dem jüdischen Friedhof in Ohlsdorf gibt es im Grunde nur zwei Grabarten: Das sog. Gittergrab ist eine Familiengrabstätte, die von ihrem Erwerber eingefriedigt werden mußte; im Reihengrab wurde wie üblich hintereinanderweg, so wie die Toten auf dem Friedhof eintrafen, beerdigt. Allerdings gab es hier die Möglichkeit, für Ehepartner ein Nachbargrab zu reservieren. Für Kinder gab es ab 1886 eigene Grabreihen. Erst 1897 wurde auch die Bestattung von Aschen zugelassen. Die orthodoxen Juden lehnten allerdings die Feuerbestattung auch weiterhin ab. Die Urnen mußten anfangs in einem Sarg bestattet werden, so daß nach außen hin der Unterschied nicht wahrgenommen werden konnte. Eine jüdische Besonderheit bildet das Gebot, daß unbrauchbar gewordene Thorarollen rituell bestattet werden müssen. Die Hamburger Juden setzten 1924 solche Schriftrollen in drei Grabstellen bei <A 11,171 und 264, sowie A 9, 139>. Trotz dieser Besonderheiten bildet der jüdische Friedhofsteil rechtlich einen Teil des gesamten Ohlsdorfer Friedhofes und wurde lange Zeit von dort aus mitverwaltet.

Abdankungs- **1** Gleich hinter dem Eingangstor liegt die große Abdankungshalle,
halle die 1883 auf Kosten der jüdischen Gemeinde erbaut wurde. Der Architekt August Piper hatte für diesen Bau ganz im Sinne des seinerzeit vorherrschenden Historismus den romanischen Stil als Vorbild gewählt. Gegenüber stand einst die Leichenhalle mit dem Raum für die rituelle Waschung der Toten. Sie wurde, nachdem sie erst Anfang der 20er Jahre umgebaut worden war, nach 1933 abgerissen.

Jüdische Friedhöfe sind an vielen Orten Deutschlands die letzten Überreste, die noch von diesem besonderen Teil der deutschen Kultur erhalten geblieben sind. Sie erinnern die Nachwelt erbarmungslos an die menschenverachtende Zeit des Nationalsozialismus, in der diese Kultur ausgelöscht und ihre Träger deportiert und vernichtet wurden. Nicht nur in Ohlsdorf wird man mit diesem Teil der deutschen Geschichte sofort konfrontiert, wenn

man den Friedhof betritt. An Stelle der ehemaligen Leichenhalle befindet sich seit 1951 das Mahnmal für die Opfer des Nationalsozialismus <A, B 14> und erinnert an die über 190000 deutschen und über fünf Millionen europäischen Juden, die von den Nationalsozialisten umgebracht wurden: Die freistehende Urne enthält Asche und Erde aus dem Vernichtungslager Auschwitz. An der Wand dahinter sind unter dem Davidsstern und den Jahreszahlen „1933–1945" die Bibelworte „Ungestillt rinnt die Träne um die Erschlagenen unseres Volkes" (Jer. 8.23) in hebräisch und deutsch angebracht.

Mahnmal für die Opfer des National-
1 **sozialismus**

Geht man von hier aus an der Abdankungshalle vorbei und geradeaus weiter, so erreicht man zuerst auf der rechten Seite die Grabfelder der sefardischen Gemeinde <ZY, ZZ 12–13>, die sich durch ihre Grabmale deutlich von den übrigen Bereichen unterscheiden. Diese Juden, die einst aus Portugal und Spanien vertrieben wurden und nach Hamburg eingewandert waren, brachten ihre Grabmaltradition aus dem Mittelmeerraum mit. So sind hier anstelle der sonst üblichen aufrechtstehenden Steine liegende Grabplatten, Tumben und sarkophagartige Grabmale zu sehen. Gleich bei der Friedhofseröffnung wurden einige historische Grabmale hierher überführt. Sie bestehen aus schlichten Liegeplatten oder aus gemauerten Pseudogrüften. Es waren die Deckplatten der Tumben der älteren Friedhöfe, die man in Ohlsdorf wiederaufgestellt hat. Auf dem Weg kennzeichnet ein schräg zum Weg nach Osten aufgestellter Stein diesen Friedhofsteil: Auf einem Rustikasockel erhebt sich eine Sandsteinstele mit hebräischer und portugiesischer Inschrift, über der ein Totenkopf mit gekreuzten Knochen abgebildet ist.

Sefardische
2 **Gräber**

Da die portugiesisch-jüdische Gemeinde nicht allen Platz benötigte, stellte sie 1937 den südlichen Teil der deutsch-israelitischen Gemeinde zur Verfügung. Damals ließen die Nationalsozialisten den Jüdischen Friedhof am Grindel sowie die Friedhöfe in Ottensen und am Neuen Steinweg auflösen. So wurde der Jüdische Friedhof in Ohlsdorf zu einem Ort, der das Gedächtnis der älteren jüdischen Friedhöfe der Stadt ebenso bewahrt wie das Gedenken an das Schicksal der Juden Hamburgs zur Zeit des Völkermords. Am Ende der Sefardischen Gräber findet man zuerst die kleine Pforte, die einst den Friedhof am Neuen Steinweg <ZY 12> verschloß. Dieser Friedhof war während der französischen Besatzung 1813/14 als provisorischer Notfriedhof angelegt worden, da die Franzosen die Grenzen geschlossen hatten, und die Juden ihren Friedhof in Altona nicht erreichen konnten. Erst 1954 wurden die Überreste der 57 hier Bestatteten nach Ohlsdorf verbracht. Der Ort ihrer Wiederbestattung wurde durch eine Gedenkplatte kenntlich gemacht.

Gegenüber erreicht man einen großen rechteckigen Platz, der von gleichartigen niedrigen Stelen umstellt und in der Mitte mit einem breiten Steinquader besetzt ist, dessen Bronzebuchstaben deutlich erkennbar fehlen.

Im Juni 1937 wurde als erstes der Grindelfriedhof vollständig geräumt. Vorher hatten die Familien die Möglichkeit gehabt, ihre Toten in ihre Familiengrabstätten nach Ohlsdorf zu überführen. Die übrigen wurden in Sammelsärgen in diesem Rechteckfeld in einem feierlichen Akt unter der Leitung des Oberrabbiners Dr. Carlebach wieder beigesetzt. Am Rand des Feldes wurden schlichte, gleichartige Grabmale für verdiente MitbürgerInnen der Gemeinde errichtet. An der Stirnseite steht das Denkmal für Dr. Gabriel Riesser (1806–1863), das 1865 von seinen jüdischen und christlichen Freunden gestiftet worden war. Er war ab 1860 Mitglied des Hamburger Obergerichtes und damit der erste jüdische Richter in Deutschland. Er wurde bekannt als engagierter Vorkämpfer für die rechtliche Gleichstellung der Juden und Aktivist für eine parlamentarische

Historische Grabmale vom Grindelfriedhof, 18. Jh.

Regierungsform. Nach dem Jurastudium war ihm als Juden der berufliche Aufstieg versperrt geblieben. Viele Juden ließen sich damals aus diesen Gründen taufen. Er dagegen begründete die Zeitschrift „Der Jude", mit der er sich für eine Verbesserung der Lage einsetzte. Erst 1840, nachdem er für einige Zeit bei Frankfurt a. M. gelebt hatte, konnte er sich in Hamburg als Notar niederlassen. Damals ließ der Senat offiziell verkünden, daß Juden auch ohne Bürgerrecht zu Notaren gewählt werden konnten. Sein politisches Engagement führte 1848 zu seiner Wahl in die Frankfurter Nationalversammlung. Als Hamburg am 23. Februar 1849 endlich den Juden die rechtliche Gleichstellung gewährte, war Riessers Weg zu höheren Ämtern frei.

Der kostbare, marmorne Denkmalaufbau zeigt ein Relief des Bildhauers Engelbert Peiffer: eine Frau mit langem, wehenden Haar, die siegreich ihren Fuß auf den Kopf eines Drachen stellt. Mit ihrem Schwert hat sie als Allegorie der „leuchtenden und unverhüllten Wahrheit" die Schlange der Lüge getötet. Sinnbild für die Aufklärungsarbeit, die Gabriel Riesser in seinen Schriften und Reden leistete.

Etwas weiter rechts steht ein Stein für Betty Heine (1771–1859) – **Betty Heine** *3* Mutter des Dichters Heinrich Heine. Sie stammte aus einer alteingesessenen Düsseldorfer Arzt- und Gelehrtenfamilie und hatte ihre letzten Lebensjahre bei ihrem Schwager Salomon Heine in Hamburg verbracht, der bekanntlich auch Heinrich Heine finanziell unterstützte.

Um diesem Ehrenfriedhof sind am Rand des Hauptweges im Süden und in den Grabreihen im Norden historische Grabmale von den alten jüdischen Friedhöfen aufgestellt. Insgesamt wurden 1937 etwa 200 Grabmale des Grindelfriedhofes, sowie 1939 und 1941 noch einmal 175 Grabmale vom Ottenser Friedhof hierher gebracht. Besonders wurden dabei die ältesten Steine aus der Zeit von 1712 bis zum Ende des 18. Jahrhunderts berücksichtigt. Alle übrigen wurden vor der Räumung fotografiert. Am Ende der Grabmalreihen stehen zwei hohe Obelisken, die einst für den **Gerson** *3* Augenarzt Dr. Gerson und den Arzt und Freiheitskämpfer

Dr. Hahn errichtet worden waren. Das Grabmal für Dr. Gerson **3 Hahn**
enthält ein Relief mit einer allegorischen Szene: Eine Frau mit zwei
kleinen Kindern – Caritas – wendet sich hier einem Mann zu, der
einen schlangenumwundenen Stab und eine Schale, die Insignien
der Heilkunst, hält. Dagegen meidet das Relief auf dem anderen
Grabmal die figürliche Darstellung und zeigt nur Symbole –
schlangenumwundener Stab, Leier, Schwert und Lorbeerkranz,
denn der Tote errang als Leutnant der Bürgerwehr im Kampf
gegen die Franzosen Ruhm – sowie am Sockel ein Wappenschild
mit den Insignien Hamburgs und dem Doppeladler und der
Überschrift „Gott war mit uns".

Geht man von diesem Bereich aus entlang der Friedhofsgrenze
weiter, so kommt man zu der Fläche, die die Jüdische Gemeinde
1919 vom damals noch preußischen Steilshoop zu dem Friedhofsgelände hinzu erwarb. Dieser Eigenbesitz am Friedhof führte
dazu, daß sich hier – die erste Beerdigung fand am 17. Juni 1923
statt – besonders orthodoxe Juden bestatten ließen. Der Langen-
felder Friedhof hatte inzwischen seine Kapazitätsgrenze erreicht.
An der Grenze zwischen beiden Teilen liegen Gräber hamburgischer Rabbiner.

Biegt man von hier aus in dem großen durchgehenden Hauptweg
nach rechts ein, so erreicht man am Ende der langen Grabreihe
eine Kreuzung. Dort biegt man nach links und findet in der
sechsten Grabreihe auf der linken Seite den schlichten Grabstein
von Harry Hermann Spitz (1899–1961) <ZY 10>, dessen Vorna- **4 Spitz**
men für ein in den Nachkriegsjahren bekanntes Unterhaltungs-
orchester stehen. Gleichzeitig leitete er fast zehn Jahre die Musik-
abteilung des Norddeutschen Rundfunks. Weniger bekannt ist,
daß er nach 1933 nach Frankreich geflohen, dort aber aufgespürt
und in ein Konzentrationslager eingeliefert wurde, aus dem er erst
bei Kriegsende frei kam. Von der jahrelangen Haft erholte er sich
nie mehr ganz.

Zu erwähnen ist, daß auf dem Jüdischen Friedhof auch ein Erin- **Salomon**
nerungsmal für den schon weiter oben genannten Bankier Salo- **Heine**
mon Heine (1767–1844) zu finden ist. Sein Grab lag ursprünglich

auf dem Ottenser Friedhof und wurde dort im Krieg zerstört. Gemeindemitglieder ließen nach 1945 den Stein errichten. (Lage: <A 9>. Am besten zu erreichen, wenn man von der Abdankungshalle aus der Hauptallee nach Westen folgt und kurz vor ihrem Ende in den breiten Weg nach links einbiegt. Auf der rechten Seite liegt der Stein.)

Vom Grabmal Spitz aus geht man die wenigen Schritte zurück zu der Wegkreuzung und biegt dort nach links ein. Man erreicht nach einiger Zeit die breiter angelegten Reihen der Gittergräber, deren namengebende Eisengitter von den Nationalsozialisten abgebrochen wurden, als kurz nach Ausbruch des Zweiten Weltkrieges zur „Reichsmetallspende" aufgerufen wurde. Der Weg kreuzt sich an einem runden, baumumstandenen Platz mit der von der Abdankungshalle ausgehenden Hauptallee des Friedhofes. Man geht hier geradeaus und biegt in den folgenden Nebenweg nach rechts ein, um gleich nach der ersten Grabreihe nach links zu gehen. Dort liegt auf der rechten Seite die Grabstätte Baruch Pohls, der in Hamburg als Theaterdirektor mit dem schönen italienischen **Pollini** 6 Namen Bernhard Pollini (1836–1897) <B 11> berühmt wurde. Er war schon zu Ruhm und Ansehen gekommen, als er 1874 das Hamburger Stadt-Theater pachtete. Zwei Jahre später übernahm

er auch das Altonaer Stadttheater und 1894 sogar noch das Thalia-Theater. Sein Sinn für große Auftritte und Festlichkeiten prägte das Hamburger Bühnenleben des ausgehenden 19. Jahrhunderts. Ihm ist es mit zu verdanken, daß Hamburgs Oper zu Weltgeltung kam, denn er verstand es immer wieder, aus dem Engagement berühmter Solisten und Dirigenten ein Ereignis zu machen.

Nicht weit entfernt befindet sich auch die Grabstätte seines engsten Mitarbeiters und Nachfolgers Max Bachur (1845–1920) <B 11>, der seiner Zeit den berühmten italienischen Tenor Enrico Caruso zu regelmäßigen Gastspielen nach Hamburg holte. Man erreicht sein Grabmal, wenn man zum Kreisplatz zurückgeht und in die Hauptallee nach rechts einbiegt. Es liegt am Beginn der vierten Grabreihe auf der linken Seite.

5 Bachur

Auf der Hauptallee kehrt man zu dem Abdankungsgebäude zurück. Dort liegt kurz vor dem Ausgang des Friedhofes auf der linken Seite die Ehrenanlage der Jüdischen Kriegsgräber von 1914–1918 <B 12–13>. Ein eingezäunter Obelisk bildet den Mittelpunkt der Anlage, in deren westlichen und östlichen Grabreihen 85 hierher überführte Soldaten begraben sind. Nach dem Krieg wurden einheitliche Grabmale errichtet und die seitlichen hohen Stelen aufgestellt, die als Gedächtnistafeln die Namen der etwa 1000 jüdischen Gefallenen Hamburgs enthalten.

Soldatengräber
7 1914–18

Landesbetrieb Friedhöfe

Im Landesbetrieb Friedhöfe sind seit dem 1. 1. 1991 neben dem Friedhof Ohlsdorf mit einer Größe von 400 ha (1992: rund 7500 Beisetzungen), der Friedhof Öjendorf mit 96 ha (1992: rund 2600 Beisetzungen), die Leichenhallen und Krematorien beider Friedhöfe (1992: rund 16 000 Einäscherungen) und die Anzuchtgärtnerei und Baumschule Klein-Borstel zusammengefaßt.

Der Landesbetrieb Friedhöfe ist ein Teil der Umweltbehörde, hat die Eigenschaft eines wirtschaftlichen Unternehmens und kaufmännische Handlungsfreiheiten, die es ermöglichen, die ihm gestellten Aufgaben wirtschaftlich zu erfüllen. Der Landesbetrieb arbeitet kostendeckend. Er finanziert seinen Aufwand durch die Gebühren der Friedhofsbenutzer.

Da die Friedhöfe Ohlsdorf und Öjendorf gleichzeitig bedeutende Parkanlagen mit einem breiten Angebot stiller Erholung sind (der Ohlsdorfer Friedhof ist auch Hamburgs größte Grünanlage) erhält der Landesbetrieb zur Pflege des öffentlichen Grüns einen Zuschuß aus dem Haushalt der Hansestadt.

Mit seinem gut ausgebildeten Mitarbeiterstab bieten der Landesbetrieb auf dem Friedhof eine Fülle von Dienstleistungen an:

Bestattungsbereich

* Aufbewahrung von Verstorbenen bis zur Beisetzung oder Einäscherung
* Bereitstellung von Kapellen oder Feierhallen für die Durchführung von Trauerfeiern
* Beisetzungen von Särgen und Urnen
* Einäscherung von Verstorbenen
* Vergabe von Reihengrabstätten einschließlich Ersterrichtung und Mindestunterhaltung
* Überlassung von Wahlgrabstätten einschließlich Ersterrichtung und Mindestunterhaltung.

Gärtnerischer Betrieb

✳ Pflege und Unterhaltung der umfangreichen allgemeinen
   Grünflächen des Friedhofsgeländes
✳ Durchführung von Grabpflegeaufträgen von der Erstbepflan-
   zung neuerworbener Grabstätten über die jährliche Grabpflege
   bis zur Abwicklung langfristiger Dauergrabpflegeverträge
✳ Kompostwirtschaft mit jährlich rund 13 000 cbm anfallenden
   organischen Abfällen

Grabmalberatung

✳ Beratung zur Auswahl und Gestaltung von Grabmalen im
   Rahmen geltender Vorschriften
✳ Vermittlung von Grabmalpatenschaften

Zu Fragen über alle Dienstleistungen sowie für die weiteren
Auskünfte und Beratungen steht der Innen- und Außendienst des
Friedhofes Ohlsdorf zu folgenden Zeiten zur Verfügung:

Beratungszentrum Grab und Bestattung
im Verwaltungsgebäude
Mo.–Do. 8.30 – 15.00 Uhr, Fr. 8.30 – 13.00 Uhr

Die Gärtnermeister
Mo.–Do. 8.00 – 15.00 Uhr, Fr. 8.00 – 13.00 Uhr

Telefonische Auskünfte
sind zu erhalten über die Rufnummern:

59 10 51	Zentrale, verbindet mit den zuständigen Stellen
59 10 54 94	Auskünfte aller Art
59 10 54 22	Automatische Ansage über Preise, Pflege und Schmückung von Gräbern
59 10 54 38	Telefax
Anschrift:	Landesbetrieb Friedhöfe Fuhlsbüttler Straße 756 22337 Hamburg

Hier einige Erläuterungen zu den wesentlichen Dienstleistungen:

Grabarten

– Reihengrabstätten für Urnen und Särge werden für eine Ruhezeit von 25 Jahren vergeben. Sie können nach Ablauf der Ruhezeit nicht verlängert werden. Zu den Reihengrabstätten gehören auch die „anonymen Grabstätten".

– Wahlgrabstätten werden ab dem Zeitpunkt einer Beisetzung für die Dauer der Ruhezeit von 25 Jahren überlassen. Die Überlassungszeit kann zu jeder Zeit verlängert werden.

Auf einer Wahlgrabstätte für Urnen dürfen bis zu 8 Urnen je Quadratmeter beigesetzt werden.

Auf jeder Grabstelle einer Wahlgrabstätte für Erdbestattungen dürfen auch bis zu 8 Urnen zusätzlich beigesetzt werden.

Es ist deshalb jeder Familie, die eine Erinnerung an ihre verstorbenen Angehörigen über 25 Jahre hinaus auch durch das Grab bewahren möchte, der Erwerb einer Wahlgrabstätte zu empfehlen. Sie können als Einzelgräber bis hin zu vielstelligen Grabstätten erworben werden. Angeboten werden Grabstätten ohne Abstand zur Nachbargrabstätte, aber auch einzeln gelegene Grabstätten in sonnen- und lichtdurchfluteten Gräberfeldern insbesondere im östlichen Friedhofsbereich oder umschlossen von hochragenden Rhododendren oder auch unter dem Schirm alter Buchen und Kiefern im waldartigen älteren Teil des Friedhofes.

Der Friedhof Ohlsdorf bietet seinen Nutzern somit ein vielfältiges Angebot aller gewünschten Grabarten. Die Kapazität des Friedhofes ist – entgegen manchmal gehörter Ansicht – keineswegs erschöpft. Vielmehr wird „Ohlsdorf" auch in den kommenden Jahrzehnten „der" Hamburger Friedhof sein.

Gestaltungsvorgaben

Um dem Friedhof als Totengedenkstätte ein würdiges Erscheinungsbild zu geben und um einen guten Gesamteindruck für die einzelnen Grabfelder zu erzielen, gibt es Gestaltungsvorschriften für Grabmale und Grabbepflanzungen. Wer auf diese Ordnung verzichten möchte, dem stehen Grabstätten ohne zusätzliche Gestaltungsvorschrift zur Auswahl.

Grabpflege

Im Rahmen der Durchführung von Grabpflegeaufträgen werden neben Wechselbepflanzungen mit Frühjahrs- und Sommerblumen sowie Eriken und Winterschmückungen auch Dauerbepflanzungen mit Bodendeckern und Rasenansaaten angeboten und durchgeführt.

Informationen

Informationsmaterial über Gebühren, Preise, Grabpflege, Grabarten, Gestaltung von Grabmalen und über Sehenswürdigkeiten ist im Verwaltungsgebäude erhältlich.

Praktische Hinweise

Öffnungszeiten

Der Friedhof wird täglich um 8.00 Uhr geöffnet und je nach Jahreszeit zwischen 17.00 und 21.00 Uhr geschlossen. Die gerade geltenden Zeiten sind an den Eingängen auf großen Tafeln angeschlagen. Es empfiehlt sich, vor längeren Spaziergängen auf diese Zeiten zu achten, damit man nicht vor geschlossenen Toren steht bzw. den Friedhof mit dem Auto nicht mehr verlassen kann, wenn man dort geparkt hat!

U- und S-Bahn, Buslinien, Friedhofseingänge

Der Friedhof hat vier Einfahrten und drei weitere Eingänge für Fußgänger.

Der Haupteingang an der Fuhlsbüttler Straße ist mit öffentlichen Verkehrsmitteln sehr gut zu erreichen. Die U- und S-Bahnstation Ohlsdorf (Linien U 1, S 1 und S 11) liegt ganz in der Nähe. Dort befindet sich auch ein Taxenstand. Die Buslinien 39, 172 und 179 halten neben dem Eingang.

Die beiden Buslinien (170 und 270), die nur auf dem Friedhof verkehren, haben ihre Haltestelle gleich links, wenn man durch den Haupteingang den Friedhof betritt. Sie fahren zu den Eingängen Seehof und Bramfeld, aber nur bis etwa 18.00 Uhr.

Der Eingang Kornweg liegt ca. 10 Gehminuten von der S-Bahnstation Kornweg (Linie S 1) entfernt.

Am Eingang Bramfeld halten die Buslinien 165 und 173.

Zum Eingang Seehof fährt die Buslinie 177 ab Bahnhof Barmbek.

Auto- und Radfahren

Auf den Straßen des Friedhofes darf man mit dem Auto oder dem Fahrrad fahren. Es gelten die Bestimmungen der Straßenverkehrsordnung. Tempo 30 ist vorgeschrieben und wird zuzeiten kontrolliert. Die Pietät gebietet es, bei Begegnungen mit Trauerzügen in angemessener Entfernung anzuhalten und sich auch sonst entsprechend der Würde des Ortes zu verhalten. Verständlicherweise ist das Mitbringen von Hunden nicht gestattet, ausgenommen Führhunde für Blinde.

Toiletten

Toiletten befinden sich am Haupteingang direkt hinter der Busstation, im Verwaltungsgebäude, am Krematorium und bei jeder Kapelle.

Notfälle

In Notfällen kann über die Polizei-Notrufsäulen und Diensttelefone der Friedhofsverwaltung Hilfe herbeigeholt werden.
Diebstähle sollten unbedingt der Polizei gemeldet werden.
Ein Fundbüro befindet sich im Verwaltungsgebäude am Haupteingang.

Zur Orientierung auf dem Friedhof

Wir haben uns bemüht, die Führungen genau zu beschreiben. Außerdem sind an den Eingängen, Bushaltestellen, Kapellen und weiteren Standorten innerhalb des Friedhofes Übersichtspläne einzusehen. Während der Dienstzeit sind handliche Friedhofspläne kostenlos bei der Friedhofsverwaltung erhältlich.

Ein Hinweis auf die – zugegebenermaßen etwas komplizierten – Prinzipien des Friedhofsplanes kann das Zurechtfinden erleichtern, da man anhand des Planes und der Grabfeldnummer den eigenen Standort bestimmen kann:

Die Lage eines Grabfeldes wird innerhalb des Planes durch eine Buchstaben-/Zahlenkombination gekennzeichnet. Im älteren Cordes-Teil dient dazu ein Quadratnetz, das sich ohne Rücksicht auf örtliche Gegebenheiten über den Friedhof erstreckt (Bezeichnung z. B. J 33). Im Linne-Teil wird dagegen ein Liniennetz verwendet, das meist entlang von Wegen geführt wird, und immer mit dem Buchstaben B beginnt (Bezeichnung z. B. Bn 68). Die genaue Lagebezeichnung eines Grabes gibt eine zusätzliche laufende Nummer an (also Grabfeldnummer J 33 plus laufende Nummer 187–91 ergibt die Angabe J 33, 187–91). Diese Bezeichnung sollte stets links unten am Grabstein eingehauen oder auf einem Steckschild neben dem Grabmal zu lesen sein, so daß man an der Grabnummer erkennen kann, in welchem Planquadrat man sich befindet.

In der Regel führen allerdings die breiten und gerade geführten Wege – am besten in Nord-Südrichtung (Sonnenstand/Tageszeit beachten) – nach wenigen hundert Metern auf eine Straße. An ihr sind mit Sicherheit Orientierungspläne und meist auch Bushaltestellen zu finden. Laternenbestandene Straßen enden immer an einem der Ausgänge.

Zum Jüdischen Friedhof

Religiös bedingt ergeben sich für den Jüdischen Friedhof zwei Besonderheiten:

Der Jüdische Friedhof ist sonnabends – dem jüdischen Sabbat – für jeglichen Besuch geschlossen. Männer dürfen den Friedhof nur mit einer Kopfbedeckung betreten.

Der Förderkreis Ohlsdorfer Friedhof e.V.

Der Förderkreis Ohlsdorfer Friedhof e.V. wurde im August 1989 gegründet. Er hat sich zum Ziel gesetzt, die Erhaltung und Pflege historischer Friedhofsanlagen in Hamburg zu fördern und zu unterstützen. Darin sind sowohl die Parkanlagen als auch die Werke der Grabmalkunst und solche Denkmale eingeschlossen, die beispielhaft das Schaffen der Bildhauer und Steinmetze vergangener Zeit widerspiegeln. Gemäß seiner Bedeutung für die Geschichte Hamburgs liegt das Hauptaugenmerk auf der Erhaltung des Gesamtkunstwerks Ohlsdorfer Friedhof.

Der Förderkreis gelangte nach der Gründung mit seinen Aktivitäten zunehmend in den Blickpunkt der Öffentlichkeit. Insbesondere die öffentlichen Führungen über den Ohlsdorfer Friedhof im Sommerhalbjahr, aber auch die Vorträge in den Wintermonaten finden reges Interesse. Es konnten Ausstellungen durchgeführt, Restaurierungen vorgenommen und Stellungnahmen für die Erhaltung gefährdeter Objekte erarbeitet werden. Dies ist natürlich nur dank großzügiger Spenden möglich. Zur Information der Mitglieder wird ein monatliches Rundschreiben herausgegeben. Vorträge und Arbeiten von Mitgliedern werden in einer Schriftenreihe veröffentlicht.

Wer den Parkfriedhof besser kennenlernen möchte und an der Arbeit des Förderkreises interessiert ist, kann sich an die folgende Adresse wenden:

Förderkreis Ohlsdorfer Friedhof e.V.

Fuhlsbüttler Str. 756

22337 Hamburg

Neue Literatur

Diercks, Herbert · Friedhof Ohlsdorf, Auf den Spuren von Naziherrschaft und Widerstand, Hamburg 1992

Fischer, Norbert · „Das Herzchen, das hier liegt, das ist sein Leben los", Historische Friedhöfe in Deutschland. Hamburg 1992

Freitag, Hans-Günther · Von Mönckeberg bis Hagenbeck, Ein Wegweiser zu denkwürdigen Grabstätten auf dem Ohlsdorfer Friedhof. Hamburg 1973, (2. Auflage 1988)

Leisner, Barbara/Schulze, Heiko K. L./Thormann, Ellen · Der Hamburger Hauptfriedhof Ohlsdorf, Geschichte und Grabmäler, 2 Bde., Hamburg 1990

Scharf, Barbara · Der Ohlsdorfer Friedhof im Spiegelbild großer Austellungen.
In: Zeitschrift des Vereins f. Hamburgische Geschichte, 1992.

Wagner, Anke · Der Jüdische Friedhof in Ohlsdorf – Die Geschichte und die Grabmäler, Magisterarbeit, Hamburg 1986 (mschr. Manuskript)

Das Garten- und Friedhofsamt Hamburg informiert über weitere Sehenswürdigkeiten. In der Friedhofsverwaltung sind zur Zeit kostenlos erhältlich: die Broschüre DER HAUPTFRIEDHOF OHLSDORF, Hamburg 1991 (2. Auflage)
und folgende Informationsblätter
– Geschichte und Zahlen des Hauptfriedhofes Ohlsdorf
   Nr. 1 Mai 1989 (Leisner/Schoenfeld)
– Das Freilichtmuseum der Ämtersteine
   Nr. 2 Mai 1989 (Glinck/Leisner/Schoenfeld)
– Auf dem Ohlsdorfer Friedhof in der Fremde begraben
   Nr. 3 Juli 1989 (Leisner/Schoenfeld)
– Althamburgischer Gedächtnisfriedhof
   Nr. 4 Juli 1989 (Leisner/Schoenfeld)
– Althamburgischer Gedächtnisfriedhof, Namensliste
   Nr. 5. September 1989 (Schoenfeld)
– Mausoleen und Grabkapellen
   Nr. 6 Okt. 1989 (Leisner/Schoenfeld)

- Das Freilichtmuseum im Heckengarten
  Nr. 7 Okt. 1989 (Leisner/Schoenfeld)
- Vorgeschichtliches und Bodendenkmale
  Nr. 8 Mai 1990 (Schoenfeld)
- Der Ohlsdorfer Friedhof im Spiegelbild großer Ausstellungen
  Nr. 9 Mai 1990 (Scharf)
- Grabstätten bekannter Persönlichkeiten
  Nr. 10 (als Manuskript) (Decker/Schoenfeld)
- Wassertürme
  Nr. 11 Jan. 1992 (Scharf/Schoenfeld)

In dem Archiv des Förderkreises Ohlsdorfer Friedhof befindet sich die sehr informative „Sammlung Lüdemann". Sie enthält historische Zeitungsausschnitte, Fotos und Informationen zu bekannten Persönlichkeiten der hamburgischen Geschichte, die u. a. auf dem Ohlsdorfer Friedhof begraben sind. Sie reicht bis in die Anfänge des 20. Jahrhunderts zurück und wird fortgeführt.

Nachweis der Zitate

Zitiert wurde zu:

Johann Heinrich Burchard · Sammlung Lüdemann (Zeitungs-ausschnitt mit Bericht von seiner Beerdigung)

Wilhelm Cordes · Wilhelm Cordes, Leichenverbrennung. In: Hamburg und seine Bauten, Hamburg 1914, S. 302 *und* Friedhof Ohlsdorf-Hamburg, Führer, Hamburg 1897, S. 14

Denkmal der Gefallenen der Revolutions-Jahre 1918–1920 · Helmuth Warnke, „… nicht nur die schöne Marianne", Das andere Eimsbüttel, Hamburg 1984, S. 91 ff.

Deutsche Soldatengräber von 1939–1945 · Herbert Diercks, Fried-hof Ohlsdorf, Auf den Spuren von Naziherrschaft und Wider-stand, Hamburg 1992, S. 65 f.

Heerlein-Stift · Walter Hasche, 100 Jahre August Heerlein-Stift. (Mschr. Manuskript) 1992

Jüdischer Friedhof · Henry G. Brand, Bestattung und Friedhof aus jüdischer Sicht. In: Die letzte Ruhe, Christliche Bestattungsriten und Friedhofskultur in der multikulturellen Gesellschaft, Hof-geismarer Protokolle 275, hrsg. von Bernd Jaspert, Hofgeismar 1991, S. 64 f. *und* Anke Wagner, Der Jüdische Friedhof in Ohlsdorf – Die Geschichte und die Grabmäler, Magisterarbeit, Hamburg 1986 (mschr. Manuskript)

Berta Keyser · Sammlung Lüdemann

Johanna Mestorf · Nicolaus Detlefsen, Johanna Mestorfs Grab auf dem Ohlsdorfer Friedhof in Hamburg. In: Die Heimat, Monats-schrift des Vereins zur Pflege der Natur- und Landeskunde in Schleswig-Holstein und Hamburg, Nr. 9/10, Neumünster 1975, S. 229–35, hier S. 233

Charlotte Paulsen · Inge Grolle, Die Schule des Paulsenstifts – Ein Denkmal für Charlotte Paulsen. In: Charlotte Paulsen Gymnasi-um, Hamburg-Wandsbek, 1866–1916–1991, Hrsg. vom Charlot-te-Paulsen-Gymnasium, Hamburg 1991, S. 11–21

Charlotte Rougemont · Charlotte Rougemont, „… dann leben sie noch heute" – Erlebnisse und Erfahrungen beim Märchener-zählen, Münster 1980, S. 74

Schwesternverein der hamburgischen Staatskrankenanstalten. Kathrin Offen-Klöckner, Der Schwesternverein der hamburgischen Staatskrankenanstalten von 1895–1931: Zur Entwicklung der beruflichen Krankenpflege in Hamburg. Diplomarbeit im Studiengang Sozialwissenschaften an der Universität Bremen. (mschr. Manuskript), 1989, S. 22 und S. 57 ff.

Andreas Versmann · Richard J. Evans, Tod in Hamburg, Stadt, Gesellschaft und Politik in den Cholera-Jahren 1830–1910, Hamburg 1990, S. 30

Adolph Woermann · Industriekultur in Hamburg, Des Deutschen Reiches Tor zur Welt, Hrsg. Volker Plagemann, München 1984, S. 73

Erich Ziegel und Mirjam Horwitz · Theaterstadt Hamburg. Schauspiel, Oper, Tanz, Geschichte und Gegenwart, hrsg. vom Zentrum für Theaterforschung der Universität Hamburg, Hamburg 1989, S. 109

Grabmal Matthaei von Frieda Mitscherlich-Matthaei, 1914

Verzeichnis der Abbildungen

Die Abbildungen stehen in der Regel dort, wo sie im Text beschrieben sind. Hier sind nur Zweifelsfälle aufgeführt.

Abbildungsnachweis

Register der Familiengrabstätten

Register der Gemeinschaftsgrabstätten, Denkmale und Besonderheiten